Kolekcja Uczta Duchowa
MW01639958

Aleksandra Murzańska

Historia objawień, które zmieniły świat

Fatima

Najważniejsze objawienia maryjne w XX wieku miały miejsce w portugalskiej Fatimie. To, co wydarzyło się na pastwiskach w Cova da Iria, wpłynęło na historię chrześcijaństwa i zmieniło charakter świeckiej polityki nie tylko w Portugalii. Politycy rządzący w Ziemi Świętej Maryi – tak określano Portugalię – od czasu ustanowienia republiki, czyli od 1910 roku, otwarcie prowadzili antyreligijną działalność. Rządzący wraz ze zmianą ustroju chcieli stworzyć areligijne społeczeństwo. Jednym z pierwszych kroków ku realizacji tego celu był dekret rozwiązujący klasztory i domy zakonne. Zgodnie z literą prawa usuwano zakonników, konfiskowano dobra kościelne, jezuitów pozbawiano obywatelstwa. Zakazano publicznych uroczystości religijnych. Politycy chcieli wyznaczać wykładowców w seminariach. W 1911 roku przyjęto ustawę o rozdziale Kościoła od państwa. Prezydent Afonso Costa oświadczył, że nowe przepisy wyeliminują katolicyzm w dwa pokolenia. Watykańską reakcją na tę ustawę była encyklika Piusa X *Jamdudum in Lusitaia*, odrzucająca postanowienia portugalskich polityków. Stanowisko Watykanu stało się przyczyną zerwania stosunków dyplomatycznych, prześladowań osób konsekrowanych – banicji lub więzienia – niszczenia świątyń, odbierania Kościołowi szkół, zniesienia nauczania religii, zmuszania dzieci do noszenia afiszy: „Ani Boga, ani religii".

Maryja w 1917 roku przez sześć miesięcy ukazywała się trojgu dzieciom: dziesięcioletniej Łucji dos Santos oraz rodzeństwu: dziewięcioletniemu Franciszkowi i siedmioletniej Hiacyncie Marto na pastwisku w Cova da Iria. Nazwę tę można przetłumaczyć jako dolina pokoju, gdyż *cova* to dolina, a *Iria* to nazwa pochodząca od imienia Irena, oznaczającego po grecku pokój. Dzieci, którym ukazała się Maryja, mieszkały w Aljustrel, około dwa kilometry od Fatimy. Ojciec Valihno, siostrzeniec Łucji, salezjanin, tak opisuje rodzinne strony: „Kiedy byłem dzieckiem, w tych stronach nie było nawet jednego domu, tylko sama ziemia, częściowo uprawiana, a częściowo leżąca odłogiem ze względu na swą jałowość i kamienistość. Teraz wszystko się zmieniło. Ale w Aljustrel, dokąd jedziemy, sprawy mają się inaczej. Wprawdzie również tam nastąpiły liczne zmiany, jednak wioska zachowała, przynajmniej w przybliżeniu, swój dawny wygląd".

Fatima w momencie objawień była nieznaną, liczącą około trzech tysięcy wiernych parafią w diecezji Leiria, około sto dziewięćdziesiąt kilometrów na północ od Lizbony. Niemniej nazwa „Fatima" była kojarzona nie z nazwą geograficzną, ale z ukochaną córką Mahometa. Mahomet, jak podaje Koran, tak pewnego dnia zwrócił się do swojej córki: „Ty będziesz pierwszą wśród niewiast w Raju, zaraz po Máryam". Muzułmanie darzą Fatimę wielką czcią i nabożnością. Określają ją jako wspaniałą, piękną, wspaniałomyślną oraz szlachetną. Gdy wymawiają jej imię, mówią: „Niech Allah obdarzy ją łaską i pokojem!". Takim samym szacunkiem darzą Máryam – Maryję – jedyną kobietę w Koranie określaną własnym imieniem. W świętej księdze muzułmanów można przeczytać, że Maryja wraz z Synem została wzięta do nieba. Co więcej, Jezus przez muzułmanów zawsze jest określany jako „syn Maryi".

Pomimo swej anonimowości, miejscowość Fatima posiadała bogate tradycje i historię. Jedna z legend opowiada o tym, jak podczas wojny między muzułmanami i chrześcijanami w 1158 roku z muzułmańskiego zamku Alcàcer do Sal nad rzekę Sado wyruszył dworski orszak. Podczas ucztowania biesiadnicy zostali napadnięci przez chrześcijańskich rycerzy pod wodzą Don Gonçalo Herminguesa, zwanego Traga Moiros, czyli Pożeraczem Maurów. Część napadniętych zginęła, część została porwana i zaprowadzona do miejscowości Santarèm, gdzie przebywał Don Alfonso Henriques, założyciel monarchii portugalskiej. Stając przed władcą, Traga poprosił o „pamiątkę tego dnia" – Fatimę – córkę muzułmanina Valì di Alcàcer. Monarcha odpowiedział, że pobłogosławi małżeństwo, gdy przyszła panna młoda przyjmie chrześcijaństwo. Tak się stało. Fatima na chrzcie otrzymała imię Oureana. W prezencie ślubnym król ofiarował nowożeńcom miasteczko Abdegas, którego nazwę zmieniono na Ourèm od nowego imienia Fatimy. Oureana zmarła niedługo po ślubie. Jej mąż został mnichem w opactwie Alcobaça, trzydzieści kilometrów od Ourèm. Kilka lat później opat klasztoru nakazał przenieść szczątki Oureany i wybudować kościół poświęcony Matce Bożej na nienazwanym jeszcze miejscu niedaleko Ourèm, które od tego czasu zaczęto nazywać Fatimą.

Anioł

Zanim dzieciom z Aljustrel ukazała się Maryja, były przygotowywane na to spotkanie przez Anioła, który zaczął się ukazywać im prawdopodobnie w 1915 roku. W tym czasie Łucja, pasąc owce wraz innymi dziewczynkami na zboczu Cabeço, zobaczyła dziwną postać: „swego rodzaju chmurka, bielsza niż śnieg,

o kształcie człowieka, podobna do figury ze śniegu, którą promienie słońca czyniły nieco przezroczystą. Była tak zawieszona w powietrzu nad drzewami". Łucja widziała „wiszącą statuę ze śniegu, błyszczącą w promieniach słonecznych".

O spotkaniu z dziwną postacią opowiedziały rodzicom towarzyszące Łucji dziewczynki, ona jednak nic nie mówiła. Postanowiła już więcej z nimi nie paść owiec, wybierając sobie za towarzystwo kuzynów, Franciszka i Hiacyntę. Mama Łucji, słysząc relacje dziewczynek, z którymi jej córka pasła owce, zapytała ją, co widziała. Dziewczynka odpowiedziała, że „wyglądało to jak jakaś osoba owinięta w prześcieradło". Reakcją mamy Łucji było stwierdzenie, że to „dziecinne głupstwa".

Następne spotkania Łucji z Aniołem, tym razem w towarzystwie Franciszka i Hiacynty, miały miejsce w 1916 roku. Dzieci, wypasając owce, modliły się, gdyż – jak wspomina Łucja – „Modlitwa była częścią życia rodzinnego. Mamy polecały dzieciom, które wychodziły na pastwiska z owcami, aby w ciągu dnia znalazły czas na odmówienie różańca".

Pewnego dnia w południe, po zjedzeniu posiłku, dzieci poczuły uderzenie wiatru i zobaczyły wyraźnie idącą w ich kierunku piękną postać, wyglądającego na czternaście, piętnaście lat chłopca o cerze bielszej od śniegu. Łucja nie powiedziała kuzynom, że już widziała tę postać. Dziewczynka, opisując Anioła, mówiła o młodzieńcu, który w blasku słońca sprawiał wrażenie przezroczystego, wykonanego z kryształu. Nieznajomy odezwał się do dzieci: „Nie lękajcie się. Jestem Aniołem pokoju, módlcie się ze mną. (...) Mój Boże, wierzę w Ciebie, oddaję Ci cześć, ufam Ci i kocham Cię. Proszę Cię o przebaczenie dla tych, którzy nie wierzą w Ciebie, nie oddają Ci czci, nie ufają Ci i nie kochają Cię". Dzieci miały powtórzyć tę modlitwę. Łucja wspominała, że w momencie, gdy postać do nich mówiła, czuli się „napełnieni Bogiem".

Łucja prosiła rodzeństwo, by nikomu nie wspominali o tym, co się wydarzyło. Kolejne spotkanie odbyło się kilka dni później. Młodzieniec polecił dzieciom dalej się modlić i powiedział: „Najświętsze Serca Jezusa i Maryi mają wobec was miłosierne plany. Stale zanoście do Najwyższego modlitwy i ofiary". Powiedział także, że Bóg jest obrażany grzechami, dlatego prosi dzieci, by modliły się o nawrócenie grzeszników i pokornie przyjmowały cierpienia. Postać przedstawiła się jako Anioł Stróż, Anioł Portugalii. Współcześnie w Fatimie 10 czerwca obchodzony jest Dzień Anioła Portugalii. Wtedy z całego świata przybywają do sanktuarium pielgrzymki dzieci.

W trakcie trzeciego spotkania z trójką pastuszków Anioł trzymał kielich, nad którym zawieszona była hostia. Do kielicha spływały krople krwi. Łucja wspominała, że Anioł wypowiedział modlitwę: „Trójco Przenajświętsza, Ojcze, Synu i Duchu Święty, ofiaruję Ci najdroższe Ciało, Krew, Duszę i Bóstwo Jezusa Chrystusa obecnego we wszystkich tabernakulach ziemi, jako zadośćuczynienie za zniewagi, świętokradztwa i obojętność, którymi jest obrażany. A przez nieskończone zasługi Jego Przenajświętszego Serca oraz Niepokalanego Serca Maryi proszę Cię o nawrócenie biednych grzeszników". Dzieci, wypełniając polecenie Anioła, powtórzyły modlitwę trzy razy. Potem Anioł podał Łucji hostię, a Franciszkowi i Hiacyncie krew, mówiąc: „Bierzcie i pijcie Ciało i Krew Jezusa Chrystusa, straszliwie obrażanego przez niewdzięcznych ludzi. Czyńcie zadość za ich występki i pocieszajcie waszego Boga". Dzieci od tego czasu modliły się w intencjach przekazanych przez Anioła.

W czasie spotkań z Aniołem tylko Łucja z nim rozmawiała. Hiacynta widziała i słyszała rozmowę kuzynki, a Franciszek tylko widział spotkanie. Ta sama prawidłowość będzie zachowana przy spotkaniach z Maryją.

Objawienia Maryi

13 maja

Maryja po raz pierwszy ukazała się trójce przestraszonych pastuszków: Łucji, Franciszkowi i Hiacyncie na pastwisku w Cova da Iria w niedzielę 13 maja 1917 roku. Witając się z dziećmi, powiedziała: „Nie bójcie się, nic złego wam nie zrobię". Oto wspomnienie Łucji: „13 maja 1917 roku był piękny i pogodny dzień jak wiele innych. Wybraliśmy się tego dnia przypadkowo, jeżeli w zamysłach Opatrzności istnieją przypadki, na pastwisko dla naszego stada, pole należące do moich rodziców, które nazywało się Cova da Iria".

Przed spotkaniem z Maryją dzieci, widząc światło, pomyślały, że to znak zbliżającej się burzy. Potem zauważyły nad około metrowym dębem mocniejszy błysk. Wtedy też ujrzały otoczoną światłem postać pięknej, mającej od piętnastu do osiemnastu lat dziewczyny, która trzymała ręce złożone, jak do modlitwy. Warto przypomnieć, że w symbolice chrześcijańskiej dąb oznacza życie i nieśmiertelność, jest znakiem pełni życia ludu Bożego.

Dzieci stały około półtora metra od jaśniejącej kobiety. Łucja opisała później, że w momencie spotkania z postacią otaczało ich światło, które odczuwali jako pogrążenie w Bogu: „Hiacynta i Franciszek wydawali się stać w tej części światła, które wznosiło się do nieba, a ja w tej, które się rozprzestrzeniło na ziemię".

Nieznajoma ubrana była w białą suknię, która według opisu Łucji była jaśniejsza od śniegu, jakby utkana ze światła. Suknia nieznajomej miała wąskie rękawy i była zapinana pod szyją. Kobietę przykrywał zasłaniający włosy biały płaszcz obszyty złotą lamówką. W prawej ręce postać trzymała biały, jakby z pereł różaniec, zakończony krzyżykiem ze srebrnego światła. Na piersi kobiety widoczny był ozdobny, świetlisty, złoty sznur zakończony małą kulą złota.

Oto opis Łucji z 5 grudnia 1937 roku: „Na obrazach, jakie widziałam, Matka Boża zdawała się mieć dwa płaszcze. Jeśli umiałabym malować (a jeśli nawet bym umiała, to nie zdołałabym namalować Jej taką, jaka jest, ponieważ wiem, że to niemożliwe, podobnie jak nie można zrobić tego za pomocą słów), umieściłabym tylko jedną suknię, jak najbielszą, i płaszcz okrywający od głowy, aż do brzegu sukni. A skoro nie mogłabym namalować światła i jaśniejącego piękna, pominęłabym wszystkie inne ozdoby, oprócz cienkiego, złotego sznura wokół płaszcza. Ten sznur odbijał się, jak gdyby był ze słonecznego promienia lśniącego niezwykle intensywnie. Porównanie to nic nie mówi o rzeczywistości, ale nie umiem wyrazić się lepiej". W późniejszych relacjach Łucja mówiła, że Maryja nie miała na sobie ani przepaski, ani sznura, tylko suknię udrapowaną w taki sposób, że dawała wrażenie przepasania.

Łucja zapytała, kim jest kobieta. W odpowiedzi usłyszała: „Moje miejsce to niebo". Później Łucja tak tłumaczyła swoje zachowanie: „Według zwyczaju w moich stronach, kiedy spotyka się nieznaną osobę i ta zwraca się do nas, wtedy pytamy, skąd ona pochodzi i czego pragnie. Tak właśnie zapytałam się: «Skąd jesteś, Łaskawa Pani?» Na co Pani odpowiedziała: «Jestem z Nieba» (...) Słowa «Łaskawa Pani» to zwrot używany w mojej miejscowości, kiedy zwracano się do osób uważanych za wyższego pochodzenia i pozycji". Łucja zapytała także, czego chce od nich nieznajoma. Kobieta poprosiła dzieci, aby przychodziły na miejsce spotkania przez sześć miesięcy, zawsze trzynastego o tej samej porze. Postać powiedziała, że pastuszkowie pójdą do nieba. Jednak zanim to nastąpi, Franciszek będzie musiał odmówić wiele różańców. Łucja zrozumiała, że wezwanie zostało skierowane do całej trójki.

Nieznajoma zapytała: „Czy chcecie ofiarować się Bogu, przez przyjęcie wszelkich cierpień, które On zechce na was zesłać jako akt zadośćuczynienia za grzechy, którymi On jest obrażany i za nawrócenie grzeszników?". Dzieci odpowiedziały twierdząco. Wtedy kobieta powiedziała, że będą cierpieć, ale Łaska Boża będzie ich mocą. Mówiąc to, kobieta wysłała w ich kierunku snop światła, który – jak wspomina Łucja – „dotknął ich do samej duszy". Kobieta poprosiła: „Odmawiajcie codziennie Różaniec, aby uzyskać pokój dla świata i koniec wojny". Potem zaczęła się spokojnie unosić w stronę wschodu.

Od pierwszego spotkania z niezwykłą kobietą dzieci czyniły ofiary i umartwienia, choćby oddając jedzenie.

W czasie kolejnych spotkań Pani przedstawiła się dzieciom jako Matka Boża Różańcowa oraz przekazała za ich pośrednictwem orędzie dla świata, które Łucja spisała w latach czterdziestych. Wiele lat później Łucja, już jako siostra zakonna, zastanawiając się, dlaczego Bóg wybrał datę trzynastego, udzieliła następującej odpowiedzi: „Nie wiem, ale przez całe życie podczas moich medytacji dużo myślałam nad tym szczegółem i zadawałam sobie pytanie: «jakie znaczenie mógł mieć wybór dnia 13 (na objawienie)?». Nie wiedząc, jak odpowiedzieć sobie na to pytanie, pewnego dnia pomyślałam: «Czy wybór 13 nie wiąże się z tajemnicą Trójcy Przenajświętszej? Jedyny Bóg w trzech różnych osobach: Ojca, Syna i Ducha Świętego?» (...) Nie wiem, ale dla mnie było to jak błysk nowego oświecenia".

Hiacynta opowiedziała w domu o spotkaniu z piękną Panią, która prosiła, aby odmawiać różaniec. Informacja ta doszła do innych osób, w tym do mamy Łucji, która zaczęła się denerwować kolejnymi relacjami o spotkaniach z nieznajomymi. Prosiła córkę, by przyznała się do kłamstwa, do tego, że wymyśliła całą historię. Dziewczynka nie uczyniła tego.

13 czerwca

Następne spotkanie z Panią z Nieba zgodnie z obietnicą miało miejsce 13 czerwca, w dzień parafialnego odpustu ku czci św. Antoniego. Wtedy na miejsce spotkania, oprócz dzieci, przyszło także kilka osób, które słyszały o tym, co opowiedziała Hiacynta. Również wtedy nadejściu Pani towarzyszył błysk. Jedna z osób obecnych przy dzieciach powiedziała, że po zakończeniu spotkania, czyli po około dziesięciu minutach, Łucja oznajmiła, iż Pani odeszła na wschód, a na dowód tego można było zobaczyć unoszące się w tym kierunku liście dębu, „jak gdyby brzeg płaszcza oddalającej się Postaci przesuwał się po nich".

W czasie tego spotkania Pani poprosiła dzieci, by nadal odmawiały różaniec i nauczyły się czytać. Łucja, prosząc o uzdrowienie chorego, usłyszała, że wyzdrowieje w ciągu roku, jeżeli się nawróci. Kobieta powiedziała także, że Jezus chce wprowadzić nabożeństwo do Niepokalanego Serca Maryi, a osoby, które będą je odprawiać, zostaną zbawione.

Wiadomość o tym, że coś niezwykłego dzieje się w parafii, dotarła do proboszcza Prevosto, który tak skomentował tę informację: „Nie wydaje mi się, żeby ta sprawa pochodziła z nieba. Przeważnie Pan, kiedy komunikuje się z duszami, rozkazuje im zdać sprawę ze wszystkiego spowiednikowi lub proboszczowi. Ta dziewczynka natomiast zamyka się w sobie. Może to być oszustwo diabła. Przyszłość pokaże prawdę". Łucja po latach tak wspominała reakcję duchownego: „Ile ta uwaga przysporzyła mi cierpienia, tylko Pan Bóg wie. Zaczęłam wątpić, czy te objawienia nie pochodzą od diabła, który chciał mnie zatracić".

Łucja martwiła się osądem proboszcza. Hiacynta pocieszała ją, mówiąc, że to nie diabeł ich odwiedza, bo przychodząca Pani jest piękna i po zakończeniu spotkania odchodzi w kierunku nieba. To wyjaśnienie uspokoiło Łucję, która jednak nadal zastanawiała się, czy nie będzie lepiej, jeśli powie, że kłamała. Słysząc o zamierzeniach kuzynki, Franciszek i Hiacynta powtarzali, że jeżeli tak uczyni, to wtedy naprawdę skłamie. Nie wiedząc, jak postąpić, Łucja miała sen: „Zobaczyłam diabła, który śmiejąc się ze mnie szyderczo, że mnie oszukał, chciał wciągnąć mnie do piekła. Widząc siebie w jego pazurach, krzyczałam, wzywając Matkę Bożą tak silnie, że moja matka zbudziła się i zmartwiona zapytała, co się ze mną dzieje". Po tym śnie Łucja nie chciała iść na spotkanie z Panią wyznaczone na 13 lipca. Kuzyni przekonali ją do zmiany zdania. Tak reakcję najbliższych wspomina João Marto, brat Franciszka i Hiacynty: „Nikt im nie wierzył. Myśleliśmy, że to coś niemożliwego i że Franciszek, Hiacynta

i Łucja wszystko to wymyślili. Jednak ich zachowanie bardzo się zmieniło. Modlili się, zanosili ofiary, myśleli stale o tej Pani i ciągle o Niej mówili. Stali się dużo bardziej pogodni i zawsze ustępliwi".

13 lipca

13 lipca na miejscu objawień, oprócz trójki pastuszków, było około dwóch tysięcy osób. Część z nich twierdziła, że w czasie spotkania z Panią słychać było brzęczenie pszczół (pszczoła symbolizuje nieśmiertelność i zmartwychwstanie). W trakcie tego objawienia Łucja poprosiła Panią, aby „oznajmiła swoje imię i dokonała cudu, żeby wszyscy uwierzyli w prawdziwość objawień". Nieznajoma odpowiedziała, że tak się stanie w październiku. Obserwujący spotkanie zauważyli, że dzieci pobladły. Jak się później okazało, była to reakcja na tak zwane orędzie, tajemnicę lub sekret, który wtedy przekazała im Pani.

13 lipca Pani nauczyła dzieci następującej modlitwy: „O Jezu, przebacz nam nasze grzechy, zachowaj nas od ognia piekielnego, zaprowadź wszystkie dusze do nieba

i pomóż szczególnie tym, którzy najbardziej potrzebują (Twojego miłosierdzia)". Po tym objawieniu Łucja powiedziała, że „wraz z tym objawieniem rozproszyły się w mej duszy wszystkie chmury i odzyskałam pokój".

Sierpień

W sierpniu władza świecka, w osobie wójta, aresztowała dzieci. Próbowano dowiedzieć się treści tajemnicy i otrzymać wyjaśnienia dotyczące natury wydarzeń w Cova da Iria. Urzędnicy i funkcjonariusze, chcąc wydobyć od dzieci informacje, upokarzali, straszyli i przetrzymywali przez dwa dni pastuszków w więzieniu. Jednak w czasie przesłuchań dzieci nie powiedziały nic o tajemnicy.

Wójtem gminy Vila Nova de Ourèm był mason i antyklerykał Arturo Oliveira Santos. Zaniepokojony tym, co się działo w Cova da Iria, kazał wezwać do siebie trójkę

dzieci wraz z ojcami. Ojciec Hiacynty i Franciszka przyszedł sam, ojciec Łucji stawił się z córką. To spotkanie nie przyniosło oczekiwanych przez wójta rezultatów. Dlatego też udał się on do Aljustrel 13 sierpnia, czyli w dniu objawienia. Wójt poszedł do domu państwa Marto, jednego z pierwszych budynków we wsi, i oznajmił, że jest jak św. Tomasz, musi zobaczyć, by uwierzyć. Kazał wezwać do siebie dzieci. Po przesłuchaniu oświadczył, że zabiera je bryczką na miejsce spotkań z Panią. Gdy dzieci odmówiły, polecił im przyjść na plebanię, by tam przesłuchać je w obecności proboszcza. Przesłuchiwane dzieci nie wyjawiły tajemnicy. Wsiadły do powozu, myśląc, że zostaną zawiezione na miejsce objawień. Po jakimś czasie zorientowały się, że jadą w odwrotnym kierunku. Na pytanie, gdzie jadą, usłyszały, że do proboszcza Ourèm. To wyjaśnienie dzieci uspokoiło. Dlatego po dotarciu do domu wójta bawiły się z jego dziećmi. Następnie zamknięto je w pokoju i przesłuchiwano. Dzieci milczały. Drugiego dnia wójt posłużył się starszą kobietą, która chwaląc go, chciała skłonić dzieci do uległości. Gdy ta próba zawiodła, dzieci zostały umieszczone w publicznym więzieniu.

Najbardziej z powodu uwięzienia i oddalenia od rodziców cierpiała Hiacynta. Poprosiła ona współwięźniów o zawieszenie w celi różańca. Wtedy zaczęli się oni modlić razem z dziećmi. Jeden z więźniów miał akordeon, więc zaczął grać i śpiewać, aby je rozweselić. Jak wspominała Łucja: „Hiacynta tańczyła z jednym złodziejem. Ten, gdy zauważył jak maleńka była Hiacynta, wziął ją na ramię. – Oby Matka Boska zlitowała się nad jego duszą i nawróciła go. – Teraz powie Ekscelencja: «Co za piękna postawa dla męczeństwa!». To prawda, ale byliśmy dziećmi, nie zdawaliśmy sobie z tego sprawy".

Po jakimś czasie wezwano trójkę wizjonerów do urzędu, gdzie grożono im, że za niewyjawienie tajemnicy zostaną usmażeni w oleju. Pierwsza miała umrzeć Hiacynta, która „poszła za nim (wójtem – przyp. red.) bez pożegnania się z nami". Następny w kolejności był Franciszek. Dzieci nie zostały jednak zabite! A wójt, nic nie uzyskawszy, zawiózł je 15 sierpnia na plebanię w Fatimie. Ludzie, widząc postępowanie Santosa, zwrócili się przeciwko niemu.

13 sierpnia na miejsce objawień przybyły niezliczone tłumy, prawdopodobnie około pięciu tysięcy osób. „Wszyscy twierdzili, że słyszeli jakby grzmot i zobaczyli obok dębu błyskawicę, po niej prześliczną chmurę, która formując się wokół drzewa, po około dziesięciu minutach uniosła się w powietrzu i znikła".

Dzieci nie mogły pojawić się na miejscu spotkania 13 sierpnia. Jednak Pani ukazała się im 19 sierpnia, w miejscu zwanym Valinhos. Przed tym objawieniem Łucja zauważyła, że powietrze zmienia kolor, dlatego poprosiła brata Hiacynty, Jana, by pobiegł po siostrę. W czasie tego spotkania Pani powiedziała dzieciom, że w październiku

przyjdzie je odwiedzić wraz ze św. Józefem i Dzieciątkiem Jezus, „aby dać światu pokój". Łucja poprosiła o uzdrowienie kilku chorych. Maryja odpowiedziała, że tak się stanie w ciągu roku. Pani powtórzyła prośbę o modlitwę i ofiarowywanie umartwień za grzeszników, gdyż „wiele dusz idzie do piekła, ponieważ nie ma nikogo, kto by się za nie ofiarował i modlił".

Po spotkaniu dzieci zabrały gałązkę, na której – jak im się wydawało – opierały się stopy Pani. Gdy pokazały gałązkę swojej cioci, z drewna wydobył się nieokreślony zapach. Będący świadkiem tego zdarzenia ojciec Łucji zaczął bronić córkę przed zarzutami o kłamstwo.

19 sierpnia miał również miejsce w Fatimie wiec przeciwko rzekomym manipulacjom kleru na polach Cova da Iria. Jednak te działania osiągnęły skutek odwrotny od zamierzonego – ośmieszyły organizatorów.

13 września

W czasie objawień biskupem diecezjalnym Leirii był Giovanni Quaresma. Słysząc o tym, co się dzieje na polach Cova da Iria, udał się on na miejsce objawień. Oto jego relacja: „Z wielkim zaskoczeniem zobaczyłem wyraźną jasną kulę, która poruszała się ku zachodowi, odsuwając się powoli i majestatycznie w daleką przestrzeń. Mój przyjaciel patrzył na to również i miał szczęście cieszyć się z tego samego, nieoczekiwanego i urzekającego zjawiska". W czasie wrześniowego objawienia Pani wyraziła zgodę na wybudowanie kaplicy, prosząc, by przeznaczono na ten cel połowę zebranych pieniędzy. 13 września na miejsce objawień przyszło około trzydzieści tysięcy ludzi. Na bezchmurnym, błękitnym niebie zgromadzeni widzieli powolny ruch słońca i deszcz kwiatów znikających przed dotknięciem ziemi. Pani prosiła dzieci o odmawianie różańca w intencji zakończenia wojny.

Łucja tak wspomina tamten czas: „Zbiegali się ludzie pochodzący z bliska i daleka, bogaci i biedni, uczeni i ignoranci, wierzący i niewierzący, bezbożni, ciekawi, gwałtowni, agresywni, poruszeni wokół trzech pokornych pastuszków, jak gdyby byli oni łagodnymi barankami, które beztroskie, bawiły się, skacząc między łagodnymi i spokojnymi owcami oraz pasły się na trawie, po której prowadził ich pasterz chroniący je przed wilkami z lasu, czyhającymi, by porwać zdobycz i ją pożreć".

Dzieci były przesłuchiwane przez wicehrabiego z Montelo. Tytuł ten był pseudonimem D. Manuela Nunes Fromigão Juniora, kapłana, profesora teologii, który z czasem stał się

historykiem Fatimy i założycielem zgromadzenia Sióstr Wynagrodzicielek Matki Bożej Fatimskiej. Pierwsza wizyta wicehrabiego w domu Łucji miała miejsce 21 września, pierwsze przesłuchanie odbyło się 27 września. Franciszek potwierdził, że widzi Maryję, która rozmawia z Łucją. Hiacynta powiedziała, że Maryja zawsze przychodzi od strony słońca, a Jej przyjściu towarzyszą odbicia światła.

By spotkać się z wizjonerami, z Lizbony przyjechał ksiądz doktor Cruz, który poprosił dzieci, by pokazały mu miejsce objawień. Pomimo zainteresowania innych duchownych, proboszcz nadal wykazywał sceptyczną postawę, mówiąc: „Po co te tłumy na kolana padają w jakiejś dzikiej zarośli, podczas gdy Żywy Bóg naszych ołtarzy, w Przenajświętszym Sakramencie pozostaje sam, opuszczony w tabernakulum. Po co te pieniądze, które pozostawiają tam pod dębem, jeżeli nie można dokończyć budowy kościoła z braku pieniędzy".

13 października

W związku z zainteresowaniem wydarzeniami w Fatimie, wiele osób bało się o życie dzieci, obawiano się, że pastuszkowie zostaną zabici, jeżeli nie wydarzy się obiecany cud.

Dzień 13 października rozpoczął się jako zimny i deszczowy. Na miejsce objawień przybyło około pięćdziesięciu tysięcy osób. Tłum zamienił łąki Cova da Iria w błotniste pola. W południe, w momencie rozpoczęcia spotkania z Panią, Łucja nakazała zamknąć parasole i zacząć odmawiać różaniec. W trakcie objawienia Pani wyznała, kim jest: Matką Bożą Różańcową, która prosi, by na miejscu objawień stanęła ku Jej czci kaplica. Maryja powiedziała dzieciom, że wojna niedługo się skończy, ale nadal należy dążyć do nawrócenia i przebaczenia grzechów. Prosiła: „Niechaj już więcej nie znieważają Pana Jezusa, który jest już zbyt znieważany".

W pewnym momencie Łucja powiedziała: „Patrzcie na słońce". Przestało padać. Znikły chmury, widać było gwiazdy i księżyc. Na niebie ukazała się srebrna tarcza słoneczna, która zaczęła się obracać, wyrzucając wielobarwne snopy światła. Słońce zatrzymało się na moment i ponownie zaczęło wirować. Obserwujący mieli wrażenie, że zaczyna spadać, część zgromadzonych zaczęła mdleć, krzyczeć, uciekać. Choć zjawisko trwało około dziesięć minut i można je było oglądać w odległości pięciu kilometrów, żadne obserwatorium nie zarejestrowało tego dnia czegoś niezwykłego. Po zakończeniu zjawiska obserwujący zauważyli, że mają na sobie suche ubrania, a żadna z patrzących w słońce osób nie doznała uszkodzenia wzroku. Antyklerykalna gazeta „O Seculo" zapisała, że przybyli byli świadkami, jak „słońce zadrżało i zaczęło wykonywać nieprawdopodobne, nagłe ruchy".

Obraz wirującego słońca z czasem zaczęto interpretować jako nawiązanie do opisu Niewiasty z Apokalipsy zwyciężającej szatana. Warto zaznaczyć, że żadnemu wcześniejszemu objawieniu maryjnemu nie towarzyszyło tyle widzialnych znaków, takich jak: błysk na niebie poprzedzający objawienie, grzmot słyszalny na zakończenie objawienia, zaćmienie słońca wywołujące spadek temperatury.

Następnie – jak relacjonuje Łucja – ukazała się Święta Rodzina. Maryja miała na sobie białą suknię i jasnobłękitny płaszcz. Po Jej lewej stronie stał Józef trzymający Dzieciątko Jezus. W relacji Łucji można przeczytać, że ukazujące się osoby zdawały się błogosławić świat znakiem krzyża. Kolejnym obrazem, jaki zobaczyły dzieci, był Jezus błogosławiący ludzi oraz Maryja pod postacią Matki Bożej Bolesnej (bez miecza w piersi) i Matki Bożej z Karmelu.

Gdy widzenie skończyło się, zgromadzeni rzucili się na dzieci. Hiacynta płakała, Łucję niósł nieznajomy męż-

czyzna. Ta ostatnia po latach napisała: „W tamtym dniu doszłam do domu bez warkoczy, które były dość długie. Jeszcze dziś pamiętam niezadowolenie mojej matki, kiedy dostrzegła, że miałam włosy krótsze niż Franciszek".

Po zakończeniu objawień jeszcze przez kilka miesięcy dzieci były niepokojone przez ludzi chcących się z nimi spotkać.

W nocy z 22 na 23 października 1917 roku antyklerykałowie zorganizowali w Cova da Iria parodię procesji religijnej, dopuścili się profanacji i grabieży przedmiotów kultu. Następujące po objawieniach lata były wypełnione zwiększonymi prześladowaniami duchowieństwa, świecka władca nakazała proboszczom wydanie zakazu pielgrzymowania do Cova da Iria.

ŻYCIE MAŁYCH WIZJONERÓW

Błogosławiony Franciszek Marto

Rodzeństwo Marto zmarło niedługo po zakończeniu objawień. 13 maja 2000 roku w Fatimie Jan Paweł II ogłosił dwójkę wizjonerów błogosławionymi. Obecnie trwa proces beatyfikacyjny zmarłej w 2005 roku Łucji.

O rodzeństwie Marto najwięcej można się dowiedzieć, czytając pisma Łucji. Franciszek urodził się 11 czerwca

1908 roku, w chwili objawień miał więc dziewięć lat. Z rozmaitych relacji dotyczących chłopca wyłania się obraz dziecka dobrego, wrażliwego, spokojnego, lubiącego rozmyślać. Jak wspominała Łucja: „Franciszek nie wydawał się wcale być bratem Hiacynty, bo ani nie był do niej podobny rysami twarzy, ani praktykami cnót. Nie był jak ona uparty i żywy, przeciwnie, był spokojny i pobłażliwy". Z powodu charakteru chłopca, Łucja przed objawieniami nie przepadała za kuzynem, który według niej nigdy się niczym nie przejmował.

Anioł i Maryja objawili się prostym dzieciom, które – chociażby ze względu na wiek – nie posiadały dużej wiedzy religijnej. Nie dziwi więc fakt, że Franciszek po objawieniach Anioła pytał Łucję, kim jest Najwyższy i co oznaczają słowa, że Serca Jezusa i Maryi będą słuchały ich próśb. Franciszek nazywał Maryję „Naszą Przyjaciółką", a opisując objawienia, mówił: „Płonęliśmy w tej światłości, którą jest Bóg, ale nie spalaliśmy się. Jaki jest Bóg? Nie można tego powiedzieć. Tego naprawdę ludzie nigdy nie mogą powiedzieć".

Chłopiec dużo się modlił. Jak wspomina starszy brat rodzeństwa, João: „Czasami szukaliśmy go i znajdowaliśmy zamyślonego, jakby w zachwycie". João powtarza jednak, że jego rodzeństwo było zwyczajne. Franciszek był łagodnym, zamkniętym w sobie chłopcem, kochającym przyrodę. „Godzinami mógł przebywać w samotności, wpatrując się w krajobraz, zachód słońca. Hiacynta była natomiast bardzo żywiołowa i również nieco kapryśna. Była najmłodszym dzieckiem w rodzinie, a więc trochę rozpieszczonym i rozpuszczonym. Dlatego czasem kaprysiła. Ale to były zwyczajne sprawy, jak u wszystkich dzieci. Zarówno Franciszek, jak i Hiacynta bardzo lubili muzykę. Franciszek potrafił świetnie grać na drewnianej fujarce, którą robiliśmy własnymi rękami, wykorzystując gałązki pewnej rośliny, czegoś w rodzaju bambusa. W każdym razie wszyscy lubili śpiewać, grać, tańczyć".

Jan Paweł II tak scharakteryzował Franciszka: „Tym, co najbardziej zdumiewało błogosławionego Franciszka i co pochłaniało jego uwagę, był Bóg ukryty w owej niezmiernej światłości, która przeniknęła do głębi ich troje. Ale tylko jemu Bóg objawił się «bardzo smutny», jak opowiadał sam Franciszek. Którejś nocy jego ojciec usłyszał szloch chłopca i zapytał go, dlaczego płacze. Syn odpowiedział: «Myślałem o Jezusie, który jest bardzo smutny z powodu grzechów popełnianych przeciw Niemu». Ożywiało go jedno pragnienie, bardzo znamienne dla dziecięcego sposobu myślenia: chciał «pocieszyć i rozweselić Jezusa». (...) W jego życiu dokonuje się przemiana, którą moglibyśmy nazwać radykalną; przemiana z pewnością niezwykła u dziecka w jego wieku. Franciszek podejmuje głębokie życie duchowe,

które wyraża się w wytrwałej i żarliwej modlitwie osiągającej szczyt prawdziwego zjednoczenia mistycznego z Bogiem. To ona też prowadzi go do stopniowego oczyszczenia duchowego poprzez wyrzekanie się przyjemności, a nawet niewinnych zabaw dziecięcych".

A oto wspomnienie krewnego rodziny Marto: „Już w czasie drugiego objawienia Matka Boża powiedziała, że Franciszek i Hiacynta wkrótce umrą, natomiast Łucja przez długi czas pozostanie na tej ziemi, aby dawać świadectwo o objawieniach. Ja najzwyczajniej naigrywałem się z nich z powodu tego proroctwa. Kiedy jednak w 1919 roku Franciszek zachorował i zmarł, mój sceptycyzm zaczął się chwiać. Wkrótce potem rozchorowała się także Hiacynta". Członkowie rodziny Marto wspominają, że w czasie choroby rodzeństwo nie narzekało, modliło się i ofiarowywało swoje cierpienia za nawrócenie grzeszników.

W czasie pobytu w więzieniu Franciszek, widząc przestraszoną siostrę, modlił się o odwagę dla niej: „Boże, proszę, aby Hiacynta nie bała się". Oto opis Franciszka przedstawiony przez doktora Carlosa Mendesa: „Beret wciśnięty na głowę, przykrótka marynareczka, kamizelka, przez którą widać koszulę, ciasne spodnie, krótko mówiąc, mężczyzna w miniaturze. Ładna twarz chłopięca! Spojrzenie żywe, twarz łobuziaka".

W październiku 1917 roku Franciszek rozpoczął naukę w szkole podstawowej. We wrześniu 1918 roku wybuchła epidemia zapalenia oskrzeli i płuc, tak zwana hiszpanka. Wiele osób zachorowało, w tym członkowie rodziny Marto. Pod koniec marca 1919 roku Franciszek przyjął Pierwszą Komunię Świętą. Zmarł 4 kwietnia 1919 roku w rodzinnym domu. Został pochowany na cmentarzu parafialnym. Oto relacja proboszcza Manuela M. Ferreira przedstawiona 18 kwietnia 1919 roku władzom kościelnym: „Widzący Franciszek umarł o godzinie 22.00, 4 kwietnia, jako ofiara długiego wyniszczenia trwającego pięć miesięcy, spowodowanego «hiszpanką», przyjąwszy sakramenty z wielką jasnością i pobożnością. Potwierdził, że widział Matkę Bożą w Cova da Iria i Valihnos". 13 marca 1952 roku ciało Franciszka przeniesiono do bazyliki w Cova da Iria i pochowano w kaplicy po prawej stronie głównego ołtarza.

Błogosławiona Hiacynta Marto

Hiacynta urodziła się 10 czerwca 1910 roku. W czasie objawień miała siedem lat. Wszystkie opisy przedstawiają ją jako osobę ruchliwą, porywczą, przy czym łagodną. Charakterem

i posturą Hiacynta różniła się od brata. Jak wspominała Łucja, Hiacynta często w czasie zabaw obrażała się, „(...) niemniej już wtedy miała serce bardzo dobre, a dobry Bóg dał jej charakter delikatny i poufały, który równocześnie robił z niej istotę miłą i przystępną".

Dom Franciszka i Hiacynty zachowany jest w takim stanie, jakim był na początku XX wieku. Można w nim zobaczyć łóżka – jedno, na którym zmarł Franciszek, i drugie, na którym leżała chora Hiacynta. Tam przechowywane są listy wiernych z podziękowaniami i opisami łask, które otrzymali za pośrednictwem rodzeństwa.

Objawienia Maryi wywołały u Hiacynty litość, współczucie dla grzeszników i ich losów po śmierci. Z tego powodu dziewczynka modliła się i pokutowała. Hiacynta modliła się także w intencji pokoju na świecie i Ojca Świętego. Jan Paweł II tak mówił o dziewczynce: „Mała Hiacynta głęboko odczuwała i przeżywała tę boleść Matki Bożej, heroicznie składając samą siebie w ofierze za grzeszników. Pewnego dnia, kiedy zapadła już razem z Franciszkiem na chorobę, która przykuła ich do łóżka, Maryja Panna odwiedziła ich w domu, jak opowiada sama Hiacynta: «Matka Boża przyszła nas odwiedzić i powiedziała, że już wkrótce wróci, aby zabrać Franciszka do nieba. Mnie zaś zapytała, czy chcę nawrócić jeszcze więcej grzeszników. Odpowiedziałam, że tak». A gdy zbliżała się chwila odejścia Franciszka, Hiacynta poleciła mu: «Pozdrów ode mnie serdecznie Naszego Pana i Naszą Panią i powiedz im, że będę cierpiała tyle, ile zechcą, aby nawrócić grzeszników». Hiacynta była tak głęboko poruszona wizją piekła, jaką ujrzała podczas objawienia 13 lipca, że żadne umartwienie ani pokuta nie wydawały się jej zbyt wysoką ceną za zbawienie grzeszników".

Tak z kolei Hiacyntę opisał kanonik doktor Formigao, wyznaczony przez władze kościelne do zbadania wydarzeń w Fatimie: „Dość wysoka jak na swój wiek, szczupła, ale nie chuda, twarz proporcjonalna o ciemnej karnacji, skromnie ubrana. Spódniczka sięga jej do kostek, sprawia wrażenie

dziewczynki cieszącej się dobrym zdrowiem. Wykazuje pełną normalność pod względem fizycznym i moralnym". Natomiast doktor Carlos de Azevedo widział Hiacyntę w ten sposób: „Bardzo powściągliwa dziewczynka. Podeszła do mnie powoli. Wziąłem ją i posadziłem na skrzyni. Zapewniam cię, że to anioł. Na głowie miała owiniętą chustkę z czerwonymi obrzeżami, z rogami zawiązanymi z tyłu. Chustka była stara i już zniszczona. Żakiecik, który nie nadaje się nawet do sprzątania. Spódniczka wpadająca w czerwień, ale ogromnie szeroka, zgodnie z miejscowym zwyczajem. Chciałbym opisać Ci twarzyczkę, ale dobrze wiem, że nie uda mi się nawet w przybliżeniu Ci jej przedstawić. Chustka – przez sposób, w jaki ją nosiła – podkreślała jeszcze bardziej rysy twarzy. Czarne oczy o urzekającej życzliwości, anielskie oblicze promieniujące ujmującą dobrocią. Wszystko to tworzy niezwykłą całość, która – nie wiedzieć czemu – pociąga nas. Bardzo nieśmiała. Z trudem słyszeliśmy te parę słów, jakie wypowiedziała w odpowiedzi na moje pytania. Zatrzymałem ją przez chwilę, rozmawiając i (nie śmiej się) żartując, po czym przyszedł Franciszek. Hiacynta zaczęła zdobywać się na odwagę. Wkrótce dołączyła do nas także Łucja. Nie wyobrażasz sobie radości Hiacynty, kiedy ją zobaczyła. Cała się uradowała, pobiegła jej naprzeciw i już jej nie odstąpiła".

Hiacynta bardzo przeżyła śmierć brata. Sama, będąc ciężko chorą, powtarzała, że ofiarowuje swoje cierpienia za grzeszników. A cierpiała bardzo i przez długi czas miała otwartą ranę na piersiach. Kobieta goszcząca Hiacyntę w Lizbonie, słysząc roztropne rady dziewczynki, zapytała, kto ją tego nauczył. W odpowiedzi usłyszała, że Matka Boża.

Hiacynta zmarła na zapalenie opłucnej 20 lutego 1920 roku w Lizbonie, w szpitalu Dona Stefania na łóżku numer 38. Po śmierci ciało dziewczynki zostało ubrane zgodnie z jej zaleceniami w szatę z Pierwszej Komunii i błękitny pas. Antonio Rebelo de Almeida, upoważniony do pilnowania zwłok Hiacynty i nadzorowania transportu, napisał: „Położona w małej trumnie, wyglądała jak żywa z różowymi wargami i policzkami, prześliczna. Kiedy ludzie zbliżali się do jej ciała, byli pełni entuzjazmu. Z jej zwłok wydobywał się zapach tak przyjemny, jak z najwonniejszych kwiatów! Najbardziej niewierzący nie mogliby wątpić!".

Baron z Alvaiàzere oddał do dyspozycji grobowiec rodzinny w Vila Nove de Ourem, by pochować w nim Hiacyntę. Od tego momentu rodzina darczyńcy uważała wizjonerkę z Fatimy za ducha opiekuńczego, dzięki któremu doświadczyła wielu łask. Ciało Hiacynty przeniesiono z drewnianej do cynkowej trumny. Należało tak zrobić ze względu na konieczność transportu oraz z uwagi na wyniszczenie ciała spowodowane chorobą. Trumnę

zamknięto 24 kwietnia, po trzech i pół dnia od momentu śmierci. W grobowcu ciało dziewczynki pozostało do 12 września 1935 roku, wtedy to bowiem przeniesiono je do Fatimy. Gdy otwarto trumnę, okazało się, że po ponad piętnastu latach zwłoki dziecka były niemal nienaruszone. Ciało Hiacynty przeniesiono na cmentarz w Fatimie i pochowano obok Franciszka. Biskup Leirii kazał napisać na mogile: „Tu spoczywają ciała Franciszka i Hiacynty, którym ukazała się Nasza Pani". 1 maja 1951 roku ciało Hiacynty zostało złożone w specjalnym grobowcu w bazylice w Cova da Iria w kaplicy po lewej stronie głównego ołtarza.

Łucja dos Santos

„30 marca 1907 roku zostało ochrzczone dziecko płci żeńskiej imieniem Łucja, urodzone w Aljustrel 22 marca tegoż roku". Taką informację można odnaleźć w księdze chrztów w kościele pod wezwaniem św. Antoniego w Fatimie. Współcześnie rodzinny dom Łucji jest muzeum. W tym prostym domu można obejrzeć meble, sprzęty i fotografie należące do rodziny Santos.

Dzięki pismom, które zostawiła po sobie Łucja, można się wiele dowiedzieć nie tylko o objawieniach, rodzeństwu Marto, ale i o niej samej. Łucja nigdy nie napisała nic z własnej inicjatywy, zawsze pisała na polecenie. Co ciekawe, nabrała wprawy w czytaniu i pisaniu dopiero w wieku dwudziestu lat.

Tak oto Łucja wspominała swoje dzieciństwo: „Do dzieci należało wyprowadzanie owiec na pastwisko. Obowiązek ten zaczynał się, kiedy kończyły siedem lat, i trwał mniej więcej do trzynastego roku życia. Wówczas przekazywało się to zadanie młodszemu rodzeństwu, a zaczynała się prawdziwa praca na polu lub w przypadku dziewcząt przy przędzeniu i szyciu". Do obowiązków Łucji należało także uczenie młodszych katechezy.

Łucja przyjęła Pierwszą Komunię Świętą w wieku sześciu lat. Uczyniono dla niej wyjątek, bo zwyczajowo Pierwszą Komunię przyjmowały dziesięcioletnie dzieci. Łucja doskonale znała katechizm, którego nauczyła się, przysłuchując się lekcjom katechezy, jakich w domu udzielała jej mama. Proboszcz wiedział, że Łucja zna katechizm, ale nie chciał jej dopuścić do Komunii. Łucja, dowiedziawszy się o decyzji, rozpłakała się. Wyjaśniono jej, że musi poczekać do chwili, gdy skończy siedem lat. W tym czasie zaproszono do spowiedzi ojca Franciszka Cruza, jezuitę, który zapytał Łucję, dlaczego płacze. Gdy odpowiedziała,

duchowny rzekł, że sam sprawdzi, ile umie. Po odpytaniu dziewczynki wydał zgodę na dopuszczenie jej do Pierwszej Komunii.

Oficjalne dokumenty zachowane z czasów przesłuchań tak opisują Łucję: „Czoło wysokie i szerokie, oczy kasztanowe, duże i żywe, brwi niezbyt gęste, nos szpiczasty, usta szerokie, grube wargi, broda okrągła, twarz nieco szersza od naturalnej, włosy cienkie, koloru blond. Niskiego wzrostu. Postawa ciężka i niewinna. Żywiołowa, inteligentna, sympatyczna".

Po śmierci rodzeństwa Marto, Łucja była osamotniona. Na dodatek wiele osób nie dawało jej spokoju, nachodząc i wypytując o objawienia w Cova da Iria. Podjęto decyzję o wysłaniu Łucji do Lizbony, gdzie – jak wspomina – „jedna pobożna pani przyjęła nas do siebie do domu i zaofiarowała płacić za moje kształcenie w pensjonacie". Następnie, w czerwcu 1921 roku, Łucję *incognito* wysłano na naukę do kolegium Asilo do Vilar, kierowanego przez siostry św. Doroty. Dziewczynka pozostawała anonimowo w różnych instytucjach kościelnych aż do 1934 roku, kiedy to po ślubach wieczystych biskup Leirii publicznie ogłosił jej tożsamość. Łucja, jako siostra zakonna w Instytucie św. Doroty w Hiszpanii, przyjęła imię Maria das Dores – od Matki Bożej Bolesnej. W 1948 roku siostra Maria otrzymała zgodę Piusa XII na wstąpienie do zgromadzenia karmelitanek w klasztorze św. Teresy w Coimbrze, w Portugalii. Po wstąpieniu do karmelitańskiego konwentu wróciła do swojego imienia. Odtąd była siostrą Marią Łucją od Jezusa i Niepokalanego Serca.

W klasztorze Łucja pełniła funkcje doradczyni, zakrystianki, a także ogrodniczki. W jej celi znajdowała się figurka Matki Bożej Fatimskiej przesłana przez Jana Pawła II. Łucja otrzymała również od papieża różaniec. Karmelita bosy, spowiednik zgromadzenia sióstr karmelitanek w Coimbrze, ojciec Jeremias Carlos Vechina, wspomina Łucję jako osobę, która „była uosobieniem prostoty – była w pełni czysta".

W 1925 roku Łucja rozpoczęła postulat w Pontevedrze. Tak naprawdę chciała wstąpić do klasztoru karmelitanek w Lisieux, ale nie było to możliwe, ponieważ miała problemy z językiem francuskim. U doroteuszek Łucja pozostała przez dwadzieścia siedem lat. 2 października 1926 roku rozpoczęła nowicjat w Tuy, w Hiszpanii, przyjmując imię Maria. Śluby zakonne złożyła 3 października 1928 roku, a wieczyste 3 października 1934 roku. W Wielki Czwartek 1948 roku siostra Maria wstąpiła do klasztoru św. Teresy w Coimbrze, gdzie 13 maja otrzymała habit karmelitanek bosych, a 31 maja 1949 roku złożyła śluby.

10 grudnia 1925 roku w Pontevedrze Łucja otrzymała *Tekst wielkiej obietnicy Serca Maryi*. Jest to apel o rozpoczęcie nabożeństwa pięciu pierwszych sobót miesiąca wynagradzających za zniewagi Niepokalanemu Sercu Maryi. Łucji ukazała się Maryja z Dzieciątkiem, które powiedziało: „Miej współczucie z Sercem Twej Najświętszej Matki otoczonym cierniami, którymi niewdzięczni ludzie je wciąż na nowo ranią, a nie ma nikogo, kto by przez akt wynagrodzenia te ciernie powyciągał". Maryja powiedziała, że Jej Serce jest ranione przez bluźnierstwa i niewdzięczność.

Łucja miała także objawienia, gdy przebywała w klasztorze w Tuy w Hiszpanii. Tam „na ołtarzu pokazał się jasny krzyż sięgający aż do sufitu. W jaśniejszym świetle można było zobaczyć w górnej części krzyża oblicze i górną część ciała człowieka. Nad piersią gołąbka również ze światła. A do krzyża przybite ciało drugiego człowieka. Trochę niżej bioder w powietrzu wisiał kielich i wielka hostia, na którą spadały krople krwi z oblicza Ukrzyżowanego i z jednej rany piersiowej. Z hostii spływały te krople do kielicha. Pod prawym ramieniem krzyża stała Najświętsza Maryja Panna. Była to Matka Boska Fatimska ze swym Niepokalanym Sercem w lewej ręce, bez miecza i róż, ale z cierniową koroną i płomieniem. Pod lewym ramieniem krzyża wielkie litery, jakby z czystej wody źródlanej, biegły nad ołtarz, tworząc słowa: Łaska i Miłosierdzie. Zrozumiałam, że mi została przekazana tajemnica Trójcy Przenajświętszej".

Łucja, najdłużej żyjąca wizjonerka, zmarła 13 lutego 2005 roku. Tuż przed śmiercią powiedziała: „Ofiaruję [to cierpienie] za Ojca Świętego". 14 lutego Jan Paweł II napisał *List po śmierci siostry Łucji dos Santos*. Można w nim przeczytać między innymi: „Z głębokim wzruszeniem przyjąłem wiadomość, że Ojciec niebieski powołał siostrę Marię Łucję od Jezusa i Niepokalanego Serca w wieku 97 lat do wiecznego mieszkania w niebie. W ten sposób osiągnęła cel, do którego zawsze dążyła w modlitwie i klasztornym milczeniu. (...) Objawienie się Dziewicy, którego świadkiem była w dzieciństwie razem ze swoimi kuzynami Franciszkiem i Hiacyntą w Fatimie w 1917 roku, stało się początkiem szczególnego posłannictwa Łucji, któremu pozostała wierna aż do ostatnich dni swego życia. Siostra Łucja zostawia nam przykład niezwykłej wierności Panu oraz radosnego przylgnięcia do Jego Boskiej woli. Zachowuję w pamięci wzruszające spotkania z nią oraz więzi duchowej przyjaźni, które z upływem czasu wciąż się pogłębiały. Odczuwałem zawsze wsparcie jej codziennej modlitwy, zwłaszcza w trudnych chwilach doświadczeń i cierpienia. Niech Pan obficie jej wynagrodzi za tę wielką i ukrytą posługę dla Kościoła".

W pogrzebie Łucji, który odbył się 15 lutego, Papieża reprezentował kard. Bertone. Oto jego wspomnienie: „Coimbrę i klasztor zalało morze białych róż. Pamiętam ogromny

tłum, od którego biła energia przepojona wiarą. Po Mszy Świętej w katedrze miejscowi studenci swoimi płaszczami niczym dywanem wyścielili drogę, którą niesiono trumnę wizjonerki. (...) Za trumną siostry Łucji szła cała Coimbra, miasto zamieniło się w bezkresne pole białych róż, w katedrę pod gołym niebem, ku któremu wznosiły się najbardziej poruszające tradycyjne portugalskie pieśni religijne i ludowe. Przybyły delegacje ze wszystkich stron kuli ziemskiej". Rok później ciało Łucji zostało przeniesione do Fatimy.

Na prośbę biskupów, w tym ordynariusza Coimbry i wiernych, Benedykt XVI dekretem z 13 lutego 2008 roku udzielił dyspensy od wymaganego czasu odczekania pięciu lat od śmierci kandydatki do wyniesienia jej na ołtarze. Rozpoczęto proces beatyfikacyjny.

Proces beatyfikacyjny rodzeństwa

21 grudnia 1949 roku biskup Leirii wyznaczył członków sądu diecezjalnego do zorganizowania procesu informacyjnego na temat cnót heroizmu rodzeństwa wizjonerów z Fatimy. 30 kwietnia 1951 roku dokonano kanonicznych oględzin zwłok, chcąc przenieść relikwie do bazyliki fatimskiej. Ciało Hiacynty było zmumifikowane, dobrze zachowane. 1 maja przeniesiono je do bazyliki. Relikwie Franciszka uznano za zaginione. Odnaleziono je w lutym 1952 roku i 13 marca tegoż roku złożono w bazylice.

Proces beatyfikacyjny został przeprowadzony w latach 1952-1979. Oficjalnie zakończył się 13 maja 1989 roku promulgowaniem w obecności Jana Pawła II dekretu o heroiczności cnót rodzeństwa. Oto słowa ojca Paola Molinariego, pełnomocnika Rzymu w procesie beatyfikacyjnym rodzeństwa: „Hiacynta i Franciszek ukazują dzisiejszym ludziom konieczność dotrzymywania wszelkich obietnic i ślubów. Dotyczy to obietnic dawanych przed Bogiem, jak śluby małżeńskie, ale odnosi się to zarówno do polityków, wiele obiecujących i niczego niedotrzymujących, jak i innych dziedzin. Dzieci z Fatimy ślubowały Matce Boskiej, że zachowają dla siebie powierzone im orędzie. Wzięły na siebie groźby i razy, aby dochować tajemnicy – obietnica była dla nich po prostu obietnicą".

28 czerwca 1999 roku ogłoszono dekrety Kongregacji Spraw Kanonizacyjnych. Jeden z nich dotyczył cudu dokonanego za wstawiennictwem rodzeństwa. Doświadczyła go Maria Emilia Santos, mieszkanka Leirii, przebywająca w Instytucie św. Franciszka, organizacji opiekującej się

chronicznie chorymi. Chora została uleczona 20 lutego 1989 roku, w rocznicę śmierci Hiacynty. Oto wspomnienie uzdrowionej: „Leżałam sparaliżowana w łóżku przez dwadzieścia dwa lata. Mój kręgosłup uległ zwapnieniu i nie byłam w stanie wykonywać żadnego ruchu. Stopy miałam zesztywniałe i pokrzywione. Leczyłam się wszystkimi możliwymi środkami i spędziłam nawet osiem lat w szpitalu. W końcu jednak wypisano mnie i uznano za nieuleczalnie chorą. Z tego względu przywieziono mnie do tego instytutu opiekującego się chronicznie chorymi. Pewnego dnia odwiedził mnie ojciec Antunes, który pracuje w sanktuarium w Fatimie. Powiedział mi, że odbywają się tam rekolekcje i zapytał, czy nie chciałabym w nich uczestniczyć". Emilia pojechała na rekolekcje i modliła się za wstawiennictwem rodzeństwa o łaskę uzdrowienia. „Pewnego ranka zauważyłam, że mogę poruszać się w łóżku. Było to coś cudownego. Zdumiewającego. Po wielu latach, w czasie których musiałam bez przerwy leżeć nieruchomo, zaczęłam lekko zginać plecy, aż do pozycji siedzącej. Zdawało mi się niemal, że śnię, było to coś tak nadzwyczajnego". Taki stan trwał dwa lata. W czasie modlitwy 20 lutego 1989 roku usłyszała głos: „«Wstań, wstań. Możesz to zrobić». Myślałam, że to jakaś autosugestia. Nikt nie mógł mówić w moim pokoju: byłam sama. Ale głos ten dał się słyszeć raz jeszcze w sposób wyraźny i jasny: «Wstań, chodź, możesz to zrobić». A potem jakby jakaś tajemnicza siła zaczęła wypychać mnie z łóżka". Komisja lekarska wskazała na nadprzyrodzoną przyczynę wyleczenia Emilii.

Jan Paweł II nazwał rodzeństwo „dwoma płomyczkami", które zapłonęły, by oświetlić świat. Beatyfikacja *dos Pastorinhos*, czyli pastuszków, miała miejsce w Fatimie, a nie – jak to jest w zwyczaju – w Rzymie. Stało się tak, ponieważ Papież chciał być w Fatimie w kolejną rocznicę objawień i jednocześnie rocznicę zamachu na swoje życie. Beatyfikacja rodzeństwa zgromadziła milion wiernych. Było to wydarzenie bezprecedensowe, gdyż nigdy wcześniej nie ogłoszono błogosławionymi dzieci, które nie były męczennikami. Rodzeństwo Marto dowiodło, że mimo wieku, także i dzieci potrafią praktykować chrześcijańskie cnoty i to w stopniu heroicznym. Ojciec Święty zaznaczył, że świętość rodzeństwa nie wynika z tego, iż doświadczyły łaski objawień, ale zrodziła się z wierności oraz zaangażowania, z jakim odpowiedziały na przekazane im orędzie, broniąc go w więzieniu i w obliczu utraty życia. Pielgrzymka do Fatimy, oprócz beatyfikacji rodzeństwa, była także dziękczynieniem Maryi za przekazane dzieciom orędzia oraz „za opiekę, jaką otacza mnie podczas mego pontyfikatu".

Papież rozmawiał z siostrą Łucją, która przed uroczystością wyznała, iż „trochę jest jej smutno, że nie jest jeszcze

razem ze swymi kuzynami w niebie". Na początku Mszy Świętej Jan Paweł II ogłosił: „Naszym autorytetem apostolskim potwierdzamy, że Franciszek i Hiacynta Marto otrzymują tytuł błogosławionych, a ich święto ma być obchodzone każdego roku 20 lutego". Ojciec Święty podziękował rodzeństwu za przykład życia i przekazanie maryjnego orędzia.

Homilia wygłoszona przez Papieża w czasie Mszy beatyfikacyjnej jest pierwszą, w trakcie której Ojciec Święty w tak poważny sposób wypowiadał się na temat świętości dzieci. Według Papieża świętość dzieci jest zgodna z Bożą logiką, która ujawnia prawdę maluczkim i prostaczkom. Jan Paweł II zaznaczył, że droga modlitwy i pokuty prowadząca do świętości jest otwarta dla każdego, bez względu na wiek. Ojciec Święty powiedział, że:„przesłanie fatimskie jest wezwaniem do nawrócenia (...) i nadziei, które zgodnie z chrześcijańskim objawieniem jest głęboko wpisane w dzieje. Odwołując się do życiowych doświadczeń, wzywa ono wierzących, aby modlili się usilnie o pokój na świecie i aby przez pokutę otwierali serca na nawrócenie. Jest to najprawdziwsza Ewangelia Chrystusa, przypomniana naszemu pokoleniu, szczególnie dotkliwie doświadczonemu przez dziejowe wydarzenia. Wezwanie, jakie Bóg skierował do nas za pośrednictwem Najświętszej Panny, w pełni zachowuje do dziś swą aktualność".

Nabożeństwo pięciu pierwszych sobót

W dokumentach napisanych przez Łucję można przeczytać, że Maryja powiedziała do niej, iż Jezus „chce ustanowić w świecie nabożeństwo do mojego Niepokalanego Serca. Temu, kto będzie je praktykował, obiecuję zbawienie. Te dusze będą umiłowane przez Boga i jak kwiaty będą postawione przeze mnie przed Jego tronem". Prośba o ustanowienie tego nabożeństwa została objawiona pastuszkom 13 lipca 1917 roku i stanowi drugą część tak zwanej tajemnicy fatimskiej.

Na nabożeństwo pierwszych sobót składają się cztery praktyki: spowiedź w intencji wynagradzającej w pierwszą sobotę bądź kilka dni przed lub po niej; wynagradzająca Niepokalanemu Sercu Komunia przyjęta w pierwszą sobotę; odmówienie pięciu tajemnic różańca; piętnastominutowe rozmyślanie nad tajemnicami różańca. Wszystko to

ma być czynione w intencji zadośćuczynienia za grzechy i zniewagi popełnione wobec Niepokalanego Serca Maryi.

Łucja zapytała Maryję, dlaczego ma to być pięć pierwszych sobót. W 1930 roku w Tuy Maryja powiedziała, że jest pięć rodzajów obelg i bluźnierstw przeciwko Jej Niepokalanemu Sercu. Są to bluźnierstwa przeciw: Niepokalanemu Poczęciu, Dziewictwu Maryi, Bożemu Macierzyństwu Maryi (kiedy uznaje się Ją jedynie za matkę człowieka). Czwarte bluźnierstwo to otwarte i publicznie uczenie dzieci obojętności lub nienawiści wobec Maryi. Ostatnie bluźnierstwo czynione jest poprzez znieważanie Maryi w Jej świętych wizerunkach.

Łucja tak tłumaczyła, dlaczego Maryja wybrała modlitwę różańcową: „Być może dlatego, iż jest najbardziej przystępna dla wszystkich, małych i wielkich, mędrców i nieuczonych, którzy w dobrej woli codziennie mogą ofiarować Bogu pokorne odmawianie części różańca, która sprawia, zaraz na samym początku, że zanurzamy się i przeżywamy główne Boskie tajemnice oraz Jego zbawcze dzieło spełnione przez Jezusa Chrystusa, naszego Zbawiciela".

W maju 1930 roku kierownik duchowy siostry Łucji, ojciec José Bernardo Gonćalves zadał jej na piśmie sześć pytań dotyczących nabożeństwa. Łucja odpisała: „Przyznaję, że lękam się bycia w błędzie. Przyczyna tej obawy tkwi w tym, że nie widziałam naszego Pana w osobie, ale jedynie czułam Jego Boską obecność". W liście Łucja podała warunki nabożeństwa i korzyści z niego wypływające. Cytując Maryję, napisała: „Duszom, które w ten sposób starają się mi wynagradzać, obiecuję towarzyszyć w godzinie śmierci z wszystkimi łaskami potrzebnymi do zbawienia". Łucja napisała także, że prześladowanie w Rosji skończy się, gdy Ojciec Święty wraz biskupami katolickimi uczynią uroczysty i publiczny akt wynagrodzenia i poświęcenia Rosji Najświętszym Sercom Jezusa i Maryi.

Akty zawierzenia Maryi

Siostra Łucja 13 czerwca 1929 roku, będąc w klasztorze w Tuy, miała kolejne objawienie. Maryja powiedziała do niej: „Przyszła chwila, w której Bóg wzywa Ojca Świętego, aby wspólnie z biskupami całego świata poświęcił Rosję memu Niepokalanemu Sercu". Polecenie to jako pierwszy próbował wykonać Pius XII w październiku i grudniu 1942 roku. Papież poświęcił wtedy Maryi świat pogrążony w wojnie. Ojciec Święty prosił o nawrócenie, by „przygotować i utrwalić pokój oparty na prawdzie, sprawiedliwości i miłości Chrystusowej". Papież,

poświęcając Kościół i ludzkość Niepokalanemu Sercu Maryi, powiedział, że w Rosji ikona Maryi jest ukryta, oczekując na lepsze dni. W 1952 roku wydał list apostolski *Sacro vergente* skierowany do wszystkich ludzi w Rosji, poświęcając ich Niepokalanemu Sercu Maryi. Siostra Łucja stwierdziła wtedy, że nie o takie zawierzenie prosiła Maryja, gdyż nie spełniono warunku kolegialności, łączności z biskupami. Warto zaznaczyć, że akt zawierzenia Rosji nie oznaczał przejścia Rosjan na katolicyzm, jego celem było odnowienie chrześcijaństwa.

Kolejne poświęcenie miało miejsce 21 listopada 1964 roku, w czasie pontyfikatu Pawła VI. Wtedy nastąpiło oddanie Maryi rodzaju ludzkiego. Ojciec Święty prosił Maryję, by prowadziła ludzkość ku poznaniu „jedynego i prawdziwego Zbawiciela, Jezusa Chrystusa. Oddal od niego kary za grzechy. Obdarz cały świat pokojem – w prawdzie, sprawiedliwości, wolności i miłości". Po wizycie w Fatimie i spotkaniu z siostrą Łucją papież 13 maja 1967 roku wydał adhortację *Signum Magnum*, w której ponownie oddał ludzkość pod opiekę Maryi.

Pierwszy akt zawierzenia Maryi za pontyfikatu Jana Pawła II miał zostać wypowiedziany 7 czerwca 1981 roku w Rzymie. Papież nie mógł jednak w nim uczestniczyć z powodu pobytu w szpitalu po zamachu z 13 maja. Jego przemówienie zostało odtworzone przez Radio Watykańskie. Można było wtedy usłyszeć: „O Matko ludzi i ludów, Tobie znane są wszystkie ich cierpienia i nadzieje, Ty czujesz po macierzyńsku wszystkie zmagania między dobrem i złem, światłością i ciemnością, jakie wstrząsają światem – przyjmij nasze wołanie skierowane w Duchu Przenajświętszym wprost do Twojego Serca i ogarnij miłością Matki i Służebnicy tych, którzy najbardziej na to czekają – a zarazem: na których zawierzenie Ty również czekasz szczególnie. Weź w swą macierzyńską opiekę całą rodzinę ludzką, którą z żarliwością Tobie, o Matko, zawierzamy. Niech dla nas wszystkich przybliży się czas pokoju i wolności, czas prawdy, sprawiedliwości i nadziei". Papież osobiście powtórzył akt zawierzenia 8 września 1981 roku.

9 maja 1982 roku w czasie modlitwy *Anioł Pański* Ojciec Święty mówił, że współczesny świat „jest zagrożony bardziej niż kiedykolwiek w historii". 13 maja tegoż roku w Fatimie po raz kolejny zawierzył świat Matce Bożej. Modlił się wtedy takimi słowami: „Pomóż nam przezwyciężyć grozę zła, które tak łatwo zakorzenia się w sercach współczesnych ludzi – zła, które w swych niewymiernych skutkach ciąży już nad naszą współczesnością i zdaje się zamykać drogi ku przyszłości!".

25 marca 1984 roku, gdy w Rzymie przebywała figura Matki Bożej Fatimskiej, miał miejsce kolejny akt

zawierzenia Maryi dokonany przez Papieża w duchowej łączności z biskupami. Jan Paweł II modlił się: „Matko Kościoła! Oświecaj zwłaszcza ludy, których ofiarowania i zawierzenia przez nas oczekujesz". Rosja nie została wymieniona, ale można się domyślać, że chodziło także i o nią.

Akt ten rozpoczynał się od słów: „Jak o to prosiła Nasza Pani". Ojciec Święty, modląc się, prosił o uwolnienie ludzkości od: głodu, wojny atomowej, zniszczenia, grzechów przeciwko życiu, nienawiści, poniżania, niesprawiedliwości, łamania przykazań Bożych, utraty świadomości dobra i zła, grzechów przeciwko Duchowi Świętemu. Papież prosił, by świat został uwolniony od wszelkiego zła. Prosił Maryję, by prowadziła i oświeciła narody, o których poświęcenie i zawierzenie prosiła w Fatimie.

27 marca miało miejsce pożegnanie figury Matki Bożej Fatimskiej. Papież podarował wtedy sanktuarium w Fatimie szkatułkę zawierającą pocisk wyjęty z jego ciała 13 maja 1981 roku. Ojciec Święty powiedział: „Nie należy on do mnie, ale do Tej, która czuwała nade mną i mnie ocaliła. Niech ksiądz biskup zawiezie go do Fatimy i złoży w sanktuarium na znak mojej wdzięczności Najświętszej Pannie i jako świadectwo wielkich dzieł Bożych". Kula została umieszczona w królewskiej koronie, która jest zakładana na figurkę Matki Bożej każdego 13 dnia miesiąca od maja do października. Korona ma dwadzieścia cztery centymetry średnicy i waży jeden kilogram. Została wykonana przez dwunastu złotników z klejnotów ofiarowanych przez portugalskie kobiety. Umieszczono w niej trzysta trzynaście pereł i dwa tysiące sześćset siedemdziesiąt dziewięć kamieni szlachetnych. Zakończona jest oprawioną w turkusy kulą symbolizującą ziemię. U podstawy kuli, na spoiwie kabłąków był otwór. Rektor sanktuarium zauważył, że odpowiada on rozmiarom podarowanego przez Papieża pocisku. Umieszczono w nim kulę.

Po dokonaniu zawierzenia w 1984 roku siostra Łucja w liście do Jana Pawła II z 8 listopada 1989 roku napisała: „Tak, zostało dokonane, tak jak o to prosiła Nasza Pani". Wcześniej, 12 maja 1989 roku Ojciec Święty pisał do siostry Łucji: „A chociaż nie oglądamy jeszcze całkowitego wypełnienia się ostatniej części tego proroctwa, widzimy, że stopniowo zbliżamy się do niego wielkimi krokami. Nastąpi ono, jeżeli nie zawrócimy z drogi grzechu, nienawiści, zemsty, niesprawiedliwości, łamania praw człowieka, niemoralności, przemocy itd. I nie mówmy, że to Bóg tak nas karze; przeciwnie, to ludzie sami ściągają na siebie karę".

Część komentatorów wysuwa hipotezę, że akt zawierzenia z 1984 roku uchronił świat przed wojną atomową. Jako argument podawany jest przykład wypadku z maja 1984 roku, jaki miał miejsce w sowieckiej bazie wojskowej

w Siewieromorsku. Uległy wówczas zniszczeniu rakiety zagrażające bezpieczeństwu zachodniej Europy.

Następne zawierzenie miało miejsce 13 maja 1991 roku w Fatimie. 8 października 2000 roku w Rzymie dokonano aktu zawierzenia, poświęcając po raz kolejny Maryi Kościół i świat trzeciego tysiąclecia. Wtedy na prośbę Ojca Świętego sprowadzono do Rzymu figurę Matki Bożej Fatimskiej. Było to przedłużenie aktu z 1984 roku. Modlitwie za pośrednictwem telewizji przewodniczyła siostra Łucja. Papież wraz z biskupami wypowiedział między innymi te słowa: „Pragniemy Ci dzisiaj zawierzyć przyszłość, która nas czeka, prosząc Cię, byś towarzyszyła nam w drodze. Żyjemy w niezwykłej epoce, porywającej i zarazem pełnej sprzeczności. Ludzkość dysponuje dziś niesłychanie skutecznymi środkami, którymi może zamienić świat w kwitnący ogród albo obrócić go w ruinę". Papież, w imieniu całego Kościoła i ludzi powierzył Maryi każdego człowieka, począwszy od nienarodzonych, oddał w Jej opiekę biednych i żyjących wśród cierpienia, „młodych poszukujących sensu, ludzi pozbawionych pracy, nękanych przez głód i choroby. Zawierzamy Ci rozbite rodziny, starców pozbawionych opieki i wszystkich, którzy są samotni i nie mają nadziei".

Trójka dzieci
z Fatimy, 1917 r.

Od lewej:
Łucja, Franciszek
i Hiacynta

Sanktuarium Matki Bożej
w Fatimie, w Portugalii

Matka Boża Fatimska

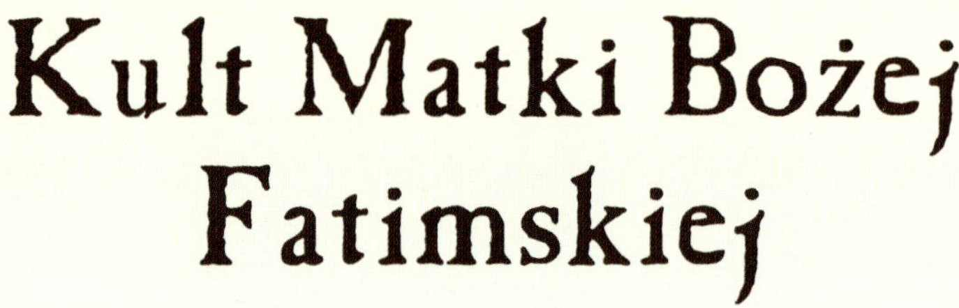

Kult Matki Bożej Fatimskiej

Kult Matki Bożej Fatimskiej w świecie

Kult Matki Bożej Fatimskiej jest jednym z największych w Kościele katolickim. Należy jednak pamiętać o nauczaniu Kościoła w kwestii objawień. Kościół uczy i przypomina, że „nie należy się już spodziewać żadnego nowego objawienia przed chwalebnym ukazaniem się Pana Naszego Jezusa Chrystusa". Nie oznacza to jednak, że w Kościele nie jest obecny dar prorokowania.

W 1920 roku przywieziono do Fatimy figurkę przedstawiającą Matkę Bożą Fatimską. Została ona wyrzeźbiona przez Jose Thedima. Gdy figurkę zobaczyła Łucja, powiedziała: „Jest bardzo podobna. Bardzo dobrze oddaje wszystko: i fason sukni, i płaszcz, pozycję rąk i wiszącego różańca, wszystko jest bardzo podobne. Tylko Nasza Pani była jeszcze piękniejsza: była biała, ale taką bielą, która daje światło". Figura została pobłogosławiona przez fatimskiego proboszcza 3 maja 1920 roku. Nie udało się jej jednak zanieść na pola Cova da Iria, gdyż wojsko zablokowało drogę.

13 października 1921 roku postawiono na miejscu objawień pierwszą kapliczkę, w której zaczęto odprawiać Msze Święte. 6 marca 1922 roku przeciwnicy rozwoju kultu wysadzili fatimską kapliczkę. Interesujące jest to, że z pięciu podłożonych ładunków, jeden, pod korzeniem drzewa, nad którym miały miejsce objawienia, nie odpalił. Pomimo działań zmierzających do powstrzymania pielgrzymowania i rozwoju kultu, na miejsce objawień przychodziło coraz więcej pielgrzymów, doznając także w tym miejscu uzdrowień. 13 maja 1920 roku zatwierdzono dekret otwierający proces kanoniczny wydarzeń w Fatimie. Od tego dnia ukazuje się pismo „Głos z Fatimy", które od 2004 roku nosi tytuł „Światło i Pokój" i jest wydawane w siedmiu językach, w tym po polsku.

W latach 1924-1926 utworzono męskie i żeńskie stowarzyszenia kanoniczne opiekujące się chorymi i pielgrzymami przybywającymi do Fatimy. Pobożne Stowarzyszenie

Służebników Najświętszej Maryi Panny z Fatimy skupia kapłanów i lekarzy. Służebnicy Matki Bożej zajmują się transportem chorych i utrzymaniem porządku w sanktuarium, a służebnice pracują jako pielęgniarki.

W październiku 1926 roku miała miejsce pierwsza wizyta biskupa w Fatimie. W 1927 roku biskup ustanowił liczącą trzynaście kilometrów drogę krzyżową. W 1928 roku założono Pobożne Stowarzyszenie Matki Bożej Różańcowej z Fatimy. 13 maja tegoż roku poświęcono kamień węgielny pod budowę bazyliki. W 1929 roku otwarto pierwszy szpital Hotel Matki Bożej Fatimskiej. Od tego roku odbywają się rekolekcje w sanktuarium.

W 1930 roku biskup Leirii, mający w swej jurysdykcji Fatimę, po przeprowadzeniu procesu kanonicznego oficjalnie uznał, że na polach Cova da Iria miały miejsce objawienia Matki Bożej. Biskup Correira w specjalnym dokumencie stwierdził: „Uznajemy za godne wiary wizje pastuszków w Cova da Iria w parafii fatimskiej, w tejże diecezji, od 13 maja do 13 października 1917 roku; zezwalamy na oficjalny kult Matki Bożej Fatimskiej".

13 maja 1931 roku biskupi portugalscy poświęcili swój naród Niepokalanemu Sercu Maryi, a w 1936 roku Portugalczycy złożyli uroczysty ślub Matce Bożej. Obiecano odbyć narodową pielgrzymkę do Cova da Iria, jeżeli kraj nie podda się komunizmowi. Pielgrzymka odbyła się 13 maja 1938 roku. W 1937 roku powstała Złota Księga z imionami wiernych czcicieli Niepokalanej. Osoby wpisujące się do księgi podejmują się codziennego odmawiania różańca.

8 grudnia 1940 roku za pośrednictwem Matki Bożej poświęcono po raz kolejny naród portugalski, prosząc, aby uchroniła kraj przed wojną. Po tym wydarzeniu siostra Łucja, pisząc do Piusa XII, stwierdziła, że Portugalia nie stanie się stroną wojennego konfliktu. Pisała: „Nasz Pan obiecuje, iż ze względu na dokonany przez Ich Eminencje biskupów portugalskich akt poświęcenia Narodu Niepokalanemu Sercu Maryi, zostanie roztoczona podczas tej wojny specjalna opieka nad naszą ojczyzną. Opieka ta ma być dowodem na to, że podobnych łask udzieliłby Bóg także innym narodom, jeśli dokonałyby one takiego jak Portugalia aktu poświęcenia".

4 maja 1944 roku papież Pius XII ustanowił święto Niepokalanego Serca Maryi. Zostało ono wyznaczone na sobotę po uroczystości Najświętszego Serca Pana Jezusa. W 1946 roku ukoronowano figurę Matki Bożej Fatimskiej, która z czasem rozpoczęła peregrynację po świecie.

W 1947 roku powstała Błękitna Armia, której celem jest propagowanie orędzia fatimskiego, odmawianie różańca, poświęcenie Niepokalanemu Sercu Maryi

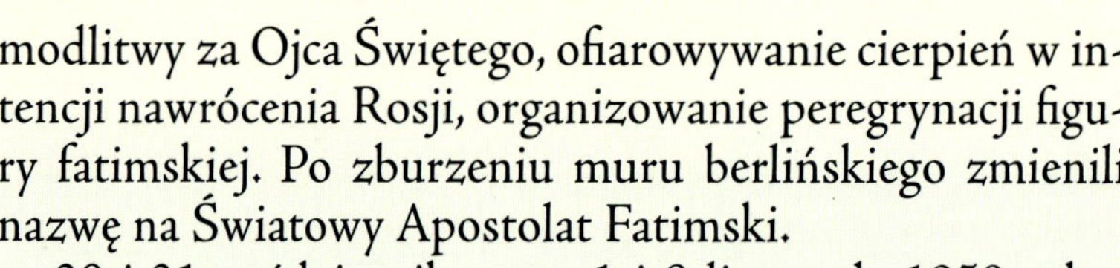

modlitwy za Ojca Świętego, ofiarowywanie cierpień w intencji nawrócenia Rosji, organizowanie peregrynacji figury fatimskiej. Po zburzeniu muru berlińskiego zmienili nazwę na Światowy Apostolat Fatimski.

30 i 31 października oraz 1 i 8 listopada 1950 roku, zawsze około godziny 16.00, Pius XII widział cud wirującego słońca. Wielu interpretatorów uważa, że cud ten miał związek z ogłoszonym 1 listopada dogmatem o Wniebowzięciu Maryi. Oto komentarz legata papieskiego Tedeschiniego: „Czy to była nagroda? Czy był to znak Boskiego uznania za ogłoszenie dogmatu o Wniebowzięciu Maryi? Czy był to niebiański znak wyrażający łączność Fatimy z centrum, z głową prawdy i nauki katolickiej? A może to wszystko razem".

W czasie, gdy papież miał widzenie wirującego słońca, w Rzymie przebywała figura Matki Bożej Fatimskiej, skąd rozpoczęła podróż dookoła świata. Pius XII tak opisał to zdarzenie: „Spacerowałem, jak zwykle, po ogrodach watykańskich, czytając i studiując rozmaite dokumenty. Wchodziłem właśnie do alei Pani z Lourdes w kierunku szczytu wzgórza aleją wzdłuż muru ogrodzenia, kiedy w pewnej chwili, podniósłszy oczy znad kartek trzymanych w ręce, uderzyło mnie zjawisko, którego nigdy przedtem nie widziałem. Słońce, wysoko jeszcze na niebie, wydawało się matową, bladożółtą kulą otoczoną wokół błyszczącą poświatą, która jednak nie przeszkadzała patrzeć prosto w słońce bez żadnego dyskomfortu. Przed kulą można było dostrzec lekką mgiełkę. Matowa kula poruszała się na zewnątrz i wracała na swoje miejsce, raz w prawo, raz w lewo. Wewnątrz kuli widać było wyraźnie i bezustannie wielkie poruszenie".

Papież o niezwykłym doświadczeniu powiedział ks. Tedeschiniemu i siostrze Pascalinie. Jednak żadne z nich nie widziało tego, co on. Także watykańskie obserwatorium niczego nie zanotowało. Ojciec Święty to doświadczenie tłumaczył jako znak z Fatimy, aprobatę przyjęcia dogmatu.

13 października 1951 roku do Fatimy przybył legat papieski kard. Federico Tadeschini. 7 października 1953 roku poświęcono fatimską bazylikę, a 13 grudnia 1962 papież Jan XXIII ustanowił na dzień 13 maja święto Matki Bożej Fatimskiej. 13 maja 1967 roku Paweł VI przybył do Fatimy, gdzie był witany milionem białych chusteczek. Papież podarował Fatimskiej Pani złotą różę. W czasie tej pierwszej papieskiej pielgrzymki do Fatimy Ojciec Święty spotkał się z siostrą Łucją.

Jan Paweł II był w Fatimie trzy razy: w 1982, 1991 i 2000 roku. W październiku 2002 roku wezwał do rozważania nowej części różańca świętego, tajemnic światła.

Kult Matki Bożej Fatimskiej w Polsce

Początki kultu fatimskiego w Polsce sięgają 1942 roku. Polskę, w 1946 roku, opiece Maryi poświęcił prymas August Hlond. Na Jasnej Górze dokonano aktu poświęcenia narodu Polskiego Niepokalanemu Sercu Maryi. Wypowiadając go modlono się o: opiekę nad rodzinami, ochronę przez grzechem, zgodę, bratnią miłość, „stałość w wierze, świętość życia, zrozumienie..." posłannictwa, życie w prawdzie, sprawiedliwości i wolności, opiekę nad papieżem i Kościołem, świętość i żarliwość apostolską, swobodę i skuteczne działanie. Proszono Maryję o łaskawe spojrzenie na troski, braki i błędy ludzi, wyprowadzenie z udręk, bezładu, nieuczciwości, bezbożnictwa. Akt ten został powtórzony przez prymasa Stefana Wyszyńskiego w 1966 roku, również na Jasnej Górze. Było to poświęcenie i oddanie w „macierzyńską niewolę Maryi, Matki Kościoła, za wolność Kościoła Chrystusowego".

Głównym miejscem kultu fatimskiego w Polsce jest sanktuarium Matki Bożej Fatimskiej w Zakopanem na Krzeptówkach. Tam, od 1950 roku, pallotyni 13 dnia miesiąca od maja do października odprawiają nabożeństwa fatimskie oraz rozwijają kult Niepokalanego Serca Maryi Panny między innymi poprzez propagowanie nabożeństwa pierwszych sobót i Krucjaty Różańca Rodzinnego.

Biskup Fatimy ofiarował prymasowi Wyszyńskiemu figurę Matki Bożej Fatimskiej. Dotarła ona do sanktuarium w październiku 1961 roku, kiedy to została poświęcona przez bp. Karola Wojtyłę. W październiku 1987 roku figurę ukoronowano w Rzymie jako „przypomnienie tego, co Matka Boża uczyniła dla swego ludu". Jan Paweł II przewodniczył Mszy Świętej w czasie konsekracji kościoła, która miała miejsce 7 czerwca 1997 roku. Powiedział wtedy: „Wasze sanktuarium na Krzeptówkach jest mi w najszczególniejszy sposób bliskie i drogie. Czcicie w nim Matkę Bożą Fatimską w Jej figurze. Z historią tego sanktuarium łączy się zarazem wydarzenie, które miało miejsce na placu św. Piotra w dniu 13 maja 1981 roku. Doznałem wówczas śmiertelnego zagrożenia życia i cierpienia, a równocześnie wielkiego miłosierdzia Bożego. Za przyczyną Matki Bożej Fatimskiej życie zostało mi na nowo darowane. (...) Orędzie fatimskie, które Maryja przekazywała

światu za pośrednictwem trojga ubogich dzieci, składa się z wezwania do nawrócenia, do modlitwy, szczególnie różańcowej, oraz do zadośćuczynienia za grzechy własne i wszystkich ludzi. Orędzie to wyrasta wprost z Ewangelii, ze słów Chrystusa wypowiedzianych zaraz na początku działalności publicznej: «Nawracajcie się i wierzcie w Ewangelię!» (Mk 1,15). Ma ono na celu przemianę wewnętrzną człowieka, pokonanie w nim grzechu i umocnienie dobra, pomoc w zdobywaniu świętości. Orędzie to adresowane jest szczególnie do ludzi naszego stulecia naznaczonego wojnami, nienawiścią, deptaniem podstawowych praw człowieka, ogromnym cierpieniem ludzi i narodów, a wreszcie walką z Bogiem posuniętą aż do negacji Jego istnienia. Orędzie fatimskie tchnie miłością Serca Matki, które jest zawsze otwarte dla dziecka, nieustannie mu towarzyszy, zawsze o nim myśli, nawet wtedy, gdy dziecko schodzi na bezdroża i staje się «marnotrawnym synem» (Łk 15,11-32)".

W 1978 roku odbywała się Światowa Pielgrzymka Pokoju. Wtedy figura Dziewicy z Fatimy odwiedziła między innymi Japonię, Izrael, Włochy, Francję, Portugalię. Do Polski figura przyleciała na pokładzie odrzutowca „Królowa Świata". Po wylądowaniu w Warszawie figurę zamknięto w kabinie pilota i pilnowano pod strażą przez trzy dni i noce. Louis Kaczmarek, opiekun figury, tak wspomina to wydarzenie: „Nie mogłem się nie roześmiać. Pomyśleć tylko, że ci komuniści nie wierzą w Boga, a boją się półtorakilogramowej drewnianej figury Matki Jezusa". Po aresztowaniu figury, do Niepokalanowa udała się delegacja z prośbą, by franciszkanie wykonali z drutu obrys figury Matki Bożej Fatimskiej. Ojcowie wyrazili zgodę i stworzyli pomalowaną na biało i umocowaną na drewnianej podstawie z napisem „Matka nie opuszcza" tak zwaną pustą figurę. W tej postaci Madonna odwiedziła Kraków, Katowice, Jasną Górę. Rok później fatimską figurę, pobłogosławioną przez Jana Pawła II, wpuszczono do Polski. Wtedy kard. Wyszyński konsekrował w Warszawie kościół poświęcony Matce Bożej Królowej Świata nawiązujący do nazwy samolotu, którym przyleciała figura rok wcześniej. W 1979 roku figurę umieszczono na ołtarzu obok drucianego obrysu.

Jan Paweł II w sanktuarium Matki Bożej Fatimskiej na Krzeptówkach
Zakopane, 7 czerwca 1997 r.

Tajemnica fatimska

Benedykt XVI w rozważaniach przed modlitwą *Anioł Pański* 14 maja 2006 roku powiedział, że orędzie przekazane przez Maryję pastuszkom z Fatimy „było mocnym wezwaniem do modlitwy i do nawrócenia. Było to orędzie prawdziwie prorocze, jeżeli wziąć pod uwagę, że w XX wieku doszło do niesłychanych zniszczeń spowodowanych przez wojny i reżimy totalitarne, jak również wielkich prześladowań Kościoła".

Tajemnica fatimska została przekazana pastuszkom 13 lipca 1917 roku. Dzieci o niej nie mówiły, ponieważ Maryja prosiła je o milczenie. Dwie części tak zwanej tajemnicy fatimskiej zostały spisane przez siostrę Łucję w 1941 roku, trzecia – w 1944 roku. Siostra Łucja spisała tajemnice „składające się z trzech różnych spraw", będąc posłuszną poleceniu z nieba i przełożonym. Odpowiadając na zarzuty, dlaczego dopiero po ćwierć wieku zdecydowała się na to, mówiła, że milczała, gdyż taki miała nakaz, ponieważ Bóg nie przeznaczył jej do roli proroka.

W kwietniu 2000 roku, po spotkaniu siostry Łucji z arcybiskupami Tarcisiem Bertone i Serafinem de Sousa Ferreira e Silva, Jan Paweł II zdecydował się ogłosić trzecią część tajemnicy fatimskiej. Po spotkaniu abp Bertone stwierdził, że „siostra Łucja okazywała jasność umysłu i spokój". W czasie spotkania zakonnicy wręczono dwie koperty, które rozpoznała, mówiąc, że to jej list, „to moje pismo". Były to koperty z trzecią częścią sekretu fatimskiego. Papież chciał poznać opinię zakonnicy na temat wymienionego w proroctwie „Biskupa odzianego w Biel". Siostra Łucja stwierdziła, że pod tym określeniem kryje się osoba Jana Pawła II. Zakonnica potwierdziła także, że trzecia część tajemnicy jest proroczą wizją, która „dotyczy przede wszystkim walki ateistycznego komunizmu z Kościołem i chrześcijanami i opisuje ogromne cierpienia ludzi prześladowanych za wiarę w XX wieku". W trakcie drugiego spotkania abp. Bertone z siostrą Łucją, 17 listopada 2001 roku, odnosząc się do tajemnicy fatimskiej powiedziała: „Wszystko zostało opublikowane, nic już nie jest utajnione".

Siostra Łucja, wręczając biskupowi Leirii-Fatimy zapieczętowaną kopertę z trzecią częścią tajemnicy, napisała, że może ją otworzyć po 1960 roku patriarcha Lizbony lub biskup Leirii. Na pytanie abp. Bertone, dlaczego ta data, zakonnica odpowiedziała: „To nie Matka Boża, ale ja sama umieściłam datę 1960, bo według mojego rozeznania przed 1960 rokiem nie można było tego zrozumieć, zrozumiano by to dopiero po roku 1960. Teraz można zrozumieć lepiej. Ja opisałam to, co widziałam, interpretacja nie należy do mnie, ale do Papieża". Kiedy indziej siostra Łucja, wyjaśniając wybór daty, napisała: „To była moja decyzja, ponieważ uważałam, że rok 1960 jest datą bardzo odległą od daty 1944, spisania tajemnicy, i myślałam, że wtedy już nie będę żyła, a zatem zostałaby usunięta ostatnia przeszkoda do interpretacji i upowszechniania tajemnicy. Matka Boża niczego na temat tej daty mi nie przekazała".

Łucja w latach czterdziestych ubiegłego wieku wyjawiła dwie pierwsze części tajemnicy, wyjaśniając: „Z wyjątkiem jednej części tajemnicy, której mi jeszcze nie wolno wyjawić, powiem wszystko. Świadomie niczego nie zataję". Pierwsza część tajemnicy dotyczy wizji piekła, druga oddania się Niepokalanemu Sercu Maryi, trzecia zamachu na papieża i prześladowania Kościoła.

Oto wizja piekła z pierwszej części tajemnicy: „Pani Nasza pokazała nam morze ognia, które wydawało się znajdować w głębi ziemi; widzieliśmy zanurzone w tym morzu demony i dusze niczym przezroczyste, płonące węgle, czarne lub brunatne, mające ludzką postać, pływające w pożarze, unoszone przez płomienie, które z nich wydobywały się wraz z kłębami dymu, padając na wszystkie strony jak iskry w czasie wielkich pożarów, pozbawione ciężaru i równowagi, wśród bolesnego wycia i jęków rozpaczy, tak że byliśmy przerażeni i drżeliśmy ze strachu. Demony miały straszne i obrzydliwe kształty wstrętnych, nieznanych zwierząt, lecz i one były przejrzyste i czarne. Ten widok trwał tylko chwilę. Dzięki niech będą naszej dobrej Matce Najświętszej, która nas przedtem uspokoiła obietnicą, że nas zabierze do nieba (w pierwszym widzeniu). Bo gdyby tak nie było, sądzę, że bylibyśmy umarli z lęku i przerażenia".

Łucja, wyjaśniając kwestię pokuty, o którą prosi Bóg, mówiła o poświęceniu, jakim jest porzucenie życia w grzechu, nawrócenie do uczciwości, czystości, sprawiedliwości, prawdy i miłości.

Drugą część tajemnicy można podsumować słowami Maryi: „W końcu moje Niepokalane Serce zwycięży". Aby ratować dusze idące do piekła, Matka Boża prosiła o ustanowienie na świecie nabożeństwa pięciu pierwszych sobót do Jej Niepokalanego Serca i poświęcenie Rosji Niepokalanemu Sercu Maryi. Proroctwo mówi, że jeżeli to nie nastąpi, Rosja „... rozszerzy swoje błędne nauki po świecie, wywołując wojny i prześladowania Kościoła". A gdy ludzie nie przestaną obrażać Boga, to „za pontyfikatu Piusa XI rozpocznie się druga, gorsza wojna".

Oto treść drugiej części tajemnicy fatimskiej: „Następnie podnieśliśmy oczy ku naszej Pani, która nam powiedziała z dobrocią i ze smutkiem: «Widzieliście piekło, dokąd idą dusze biednych grzeszników. Aby ich ratować, Bóg chce ustanowić na świecie nabożeństwo do mego

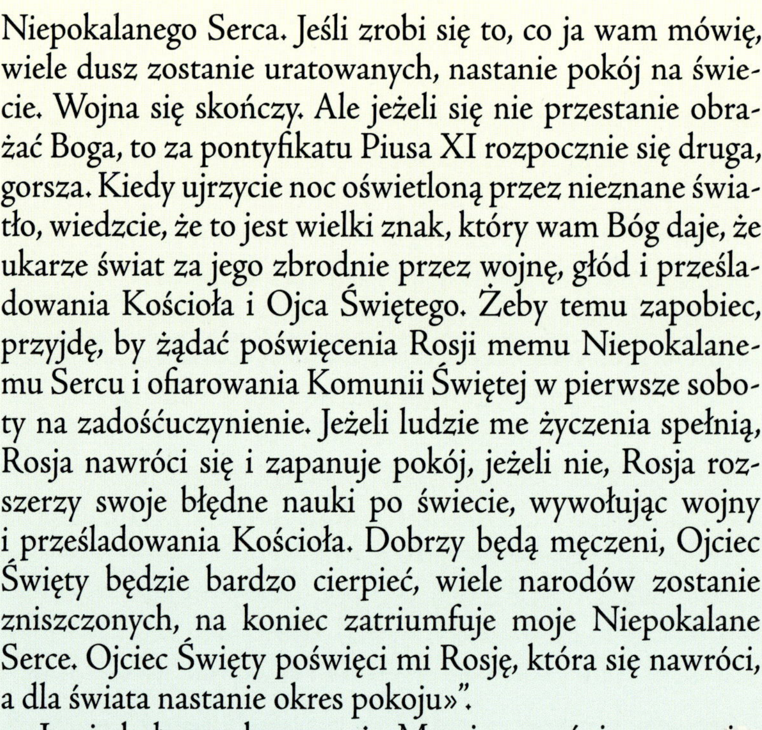

Niepokalanego Serca. Jeśli zrobi się to, co ja wam mówię, wiele dusz zostanie uratowanych, nastanie pokój na świecie. Wojna się skończy. Ale jeżeli się nie przestanie obrażać Boga, to za pontyfikatu Piusa XI rozpocznie się druga, gorsza. Kiedy ujrzycie noc oświetloną przez nieznane światło, wiedzcie, że to jest wielki znak, który wam Bóg daje, że ukarze świat za jego zbrodnie przez wojnę, głód i prześladowania Kościoła i Ojca Świętego. Żeby temu zapobiec, przyjdę, by żądać poświęcenia Rosji memu Niepokalanemu Sercu i ofiarowania Komunii Świętej w pierwsze soboty na zadośćuczynienie. Jeżeli ludzie me życzenia spełnią, Rosja nawróci się i zapanuje pokój, jeżeli nie, Rosja rozszerzy swoje błędne nauki po świecie, wywołując wojny i prześladowania Kościoła. Dobrzy będą męczeni, Ojciec Święty będzie bardzo cierpieć, wiele narodów zostanie zniszczonych, na koniec zatriumfuje moje Niepokalane Serce. Ojciec Święty poświęci mi Rosję, która się nawróci, a dla świata nastanie okres pokoju»".

Łucja była przekonana, że Maryja wyraźnie wypowiedziała imię papieża Piusa XI. Komentując swoją relację zaznaczała, że według niej druga wojna światowa rozpoczęła się po śmierci Piusa XI, czyli po 10 lutego 1939 roku. Dodatkowo siostra Łucja zaznaczała, że znakiem zwiastującym nadchodzącą wojnę była zorza, która ukazała się w Europie, Kanadzie i Ameryce Łacińskiej w nocy z 25 na 26 stycznia 1938 roku.

Trzecia część tajemnicy fatimskiej uważana była za jeden z najbardziej chronionych sekretów w nowożytnych dziejach Kościoła. Siostra Łucja przesłała jej treść biskupowi Leirii, który zamknął dokument w kasie pancernej, a w 1957 roku wysłał do Watykanu. Tajemnica była umieszczona w podwójnej kopercie. Na pierwszej był napis: „Trzecia część tajemnicy", druga, wewnętrzna, zawierała list siostry Łucji i nosiła datę 1960 rok. W wewnętrznej kopercie były cztery strony zapisane przez siostrę Łucję. W 1959 roku Jan XXIII, po zapoznaniu się z treścią tajemnicy, powiedział: „Zaczekajmy. Będę się modlił. Poinformuję ojca o tym, co postanowiłem". Papież zdecydował się nie ujawniać tajemnicy. W 1965 roku Paweł VI podjął taką samą decyzję. Jan Paweł II przeczytał trzecią część tajemnicy po zamachu z 13 maja 1981 roku.

Przed ogłoszeniem ostatniej części tajemnicy pojawiały się informacje, że zawiera ona opis końca świata lub też jest niekompletna, gdyż oprócz niej istnieje jeszcze jedna z opisem Armagedonu. Rozemocjonowani dziennikarze i czytelnicy mogli znaleźć informacje o tym, że tajemnica zaginęła na przykład zaraz po tym, jak z jej treścią zapoznali się dyplomaci USA i ZSRR. Spekulowano, że w 1962 roku, w czasie kryzysu kubańskiego, Jan XXIII przekazał Chruszczowowi i Kennedy'emu tekst tajemnicy, a ówczesny sekretarz generalny ONZ, U. Thant, dostał jej odpis. W związku z coraz bardziej fantastycznymi doniesieniami w 1967 roku Stolica Apostolska poinformowała, że wszelkie dotychczasowe sugestie dotyczące trzeciej części tajemnicy są nieprawdziwe.

13 maja 2000 roku w Fatimie podczas uroczystości beatyfikacyjnych rodzeństwa Marto, sekretarz stanu kard. Angelo Sodano wstępnie przedstawił treść trzeciej części tajemnicy. Poinformował też o zamiarze upublicznienia sekretu i powierzeniu go specjalnej komisji, której zadaniem było opracowanie, skomentowanie oraz publikacja tajemnicy.

Oficjalnego ogłoszenia tajemnicy dokonał 26 maja 2000 roku kard. Joseph Ratzinger. Jednak jeszcze w 2007 roku kard. Tarcisio Bertone kilkakrotnie oświadczał, że cała trzecia część tajemnicy została upubliczniona i prawidłowo zinterpretowana. Oto treść trzeciej części tajemnicy: „Zobaczyliśmy po lewej stronie Naszej Pani nieco wyżej Anioła trzymającego w lewej ręce ognisty miecz; iskrząc się wyrzucał języki ognia, które zdawało się, że podpalą świat; ale gasły one w zetknięciu z blaskiem, jaki promieniował z prawej ręki Naszej Pani w jego kierunku; Anioł, wskazując prawą ręką ziemię, powiedział mocnym głosem: «Pokuta, Pokuta, Pokuta!»". Łucja opisała Boga jako „nieogarnione światło (...) coś podobnego do tego, jak widzi się osoby w zwierciadle, kiedy przechodzą przed nim". Pastuszkowie widzieli „Biskupa odzianego w Biel i mieliśmy przeczucie, że to jest Ojciec Święty". Dzieci widziały także innych biskupów, kapłanów, zakonników i zakonnice, którzy wchodzili na stromą górę, na szczycie której „znajdował się wielki Krzyż zbity z nieociosanych belek jak gdyby z drzewa korkowego pokrytego korą; Ojciec Święty, zanim tam dotarł, przeszedł przez wielkie miasto w połowie zrujnowane i na poły drżący, chwiejnym krokiem, udręczony bólem i cierpieniem, szedł, modląc się za dusze martwych ludzi, których ciała napotykał na swojej drodze; doszedłszy do szczytu góry, klęcząc u stóp wielkiego Krzyża, został zabity przez grupę żołnierzy, którzy kilka razy ugodzili go pociskami z broni palnej i strzałami z łuku i w ten sam sposób zginęli jeden po drugim inni biskupi, kapłani, zakonnicy i zakonnice oraz wiele osób świeckich, mężczyzn i kobiet różnych klas i pozycji. Pod dwoma ramionami Krzyża były dwa Anioły, każdy trzymający w ręce konewkę z kryształu, do których zbierali krew Męczenników i nią skrapiali dusze zbliżające się do Boga".

W tekście napisanym przez siostrę Łucję w 1955 roku na życzenie generała zakonu karmelitańskiego, a opublikowanym w całości 13 lutego 2006 roku można również

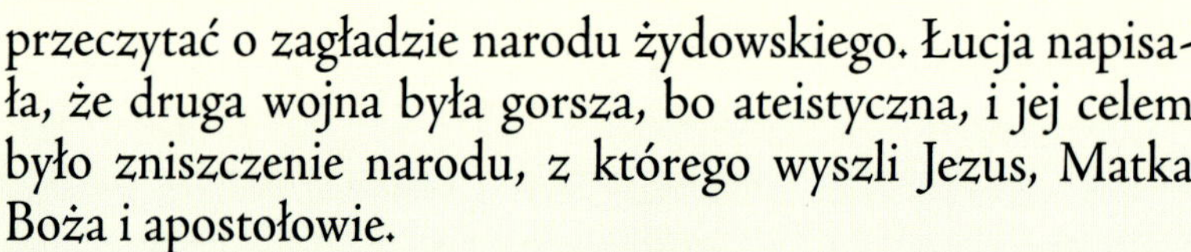

przeczytać o zagładzie narodu żydowskiego. Łucja napisała, że druga wojna była gorsza, bo ateistyczna, i jej celem było zniszczenie narodu, z którego wyszli Jezus, Matka Boża i apostołowie.

Jan Paweł II i Fatima

Jan Paweł II w sposób szczególny zainteresował się fatimskim orędziem dopiero po zamachu na swoje życie, który miał miejsce 13 maja 1981 roku, czyli w rocznicę fatimskich objawień. W książce Vittoria Messoriego *Przekroczyć próg nadziei* Papież tak wspomina wydarzenia po zamachu: „Wówczas jeszcze bardzo mało wiedziałem o Fatimie. I oto przyszedł 13 maja 1981 roku. Kiedy zostałem ugodzony kulą zamachowca na placu świętego Piotra, także nie uświadamiałem sobie tego, że jest to właśnie ów dzień, w którym Maryja objawiła się trójce dzieci w portugalskiej Fatimie i miała wypowiedzieć do nich słowa, które z końcem stulecia zdają się przybliżać do swego wypełnienia". W 1982 roku Ojciec Święty przybył do Fatimy, dziękując Maryi za uratowanie życia i ofiarowując Jej różaniec.

W lipcu 1981 roku Jan Paweł II poprosił o przyniesienie mu do polikliniki Gemelli tekstu tajemnicy fatimskiej. Prefekt Kongregacji Nauki Wiary przekazał Papieżowi dwie koperty: białą z oryginalnym portugalskim tekstem siostry Łucji i pomarańczową z włoskim tłumaczeniem. Po przeczytaniu tekstu przez Ojca Świętego, 11 sierpnia obie koperty wróciły do archiwum Świętego Oficjum.

Po jakimś czasie, w liście do episkopatu Włoch, Jan Paweł II napisał następujące słowa: „To matczyna ręka prowadziła kulę, a umierający Papież wieziony do Polikliniki Gemelli zatrzymał się u wrót śmierci. (...) Ten strzał na Placu Świętego Piotra powinien był pozbawić Papieża życia (...) Stało się jednak inaczej i śmiertelny pocisk nie wykonał tego, do czego był przeznaczony, Papież zaś żyje – żyje, aby służyć!".

Jan Paweł II, mówiąc o objawieniach fatimskich, stwierdził: „Jeśli Kościół przyjął orędzie z Fatimy, to przede wszystkim dlatego, że zawiera ono prawdę i wezwanie, które są w swej zasadniczej treści prawdą i wezwaniem samej Ewangelii". Ojciec Święty podkreślał, że orędzie fatimskie jest ponadczasowe i skierowane ku „nowym znakom czasu". W 1997 roku powiedział zaś, że Fatima „pozwala nam dostrzec działanie Boga, opatrznościowego Przewodnika, cierpliwego i wyrozumiałego Ojca, także w XX wieku".

13 maja 1991 roku Ojciec Święty przybył ponownie do Fatimy, gdzie stwierdził, że „dnia 13 maja obowiązkiem

Jan Paweł II odprawiający Mszę przed posągiem Matki Bożej Fatimskiej Fatima, 12 maja 1991 r.

moim jest być w Fatimie i tam właśnie podążam, aby dziękować za wszystko: i za to, co się dokonało w ciągu dziesięciolecia". W czasie pielgrzymki Papież spotkał się siostrą Łucją.

W kwietniu 2000 roku, po spotkaniu abp. Tarcisia Bertone z siostrą Łucją, Ojciec Święty zdecydował się na ogłoszenie trzeciej części tajemnicy fatimskiej. W czasie spotkania z arcybiskupem siostra Łucja potwierdziła, że wymieniony w trzeciej części tajemnicy „Biskup odziany w Biel" to Jan Paweł II.

W maju 2000 roku Papież w czasie trzeciej pielgrzymki do Fatimy beatyfikował rodzeństwo wizjonerów: Franciszka i Hiacyntę Marto.

Interpretacja teologiczna fatimskiego orędzia

Na zakończenie Mszy Świętej beatyfikacyjnej rodzeństwa Marto watykański sekretarz stanu kard. Angelo Sodano powiedział, że ważność objawień fatimskich można porównać do proroczych wizji Pisma Świętego. Cechą proroctwa nie jest determinizm. Obowiązkiem Kościoła jest badanie obecności charyzmatu proroctwa. Kardynał powiedział, że fatimskie orędzie nie jest opisem przyszłych zdarzeń, ale syntezą wydarzeń, które „rozciągają się w czasie w nieuściślonym następstwie i okresie trwania" i mogą być rozważane tylko w symbolicznym kontekście. Pomimo tego, że wydarzenia, o których mówi tajemnica, wydają się należeć do przeszłości, to wezwanie Maryi do pokuty i nawrócenia jest aktualne.

Według abp. Bertone tajemnica fatimska jest symbolicznym, warunkowym objawieniem, które mówi o tym, że jeżeli Rosja się nawróci, to zapanuje pokój, jeżeli nie, to rozszerzą się „błędne nauki po świecie". Arcybiskup wyjaśnia, że nieprzyjęcie orędzia skutkowało tym, co zostało zapowiedziane, a ratunkiem przed wypełnieniem proroctwa jest odejście z drogi grzechu. Bertone zaznacza, aby nie mówić o tym, że Bóg karze człowieka. Przeciwnie, to człowiek swoim zachowaniem ściąga na siebie karę, która jest lekcją współodpowiedzialności za historię i dar wolności.

Rozważając nie tylko objawienia i tajemnice fatimskie, należy pamiętać o tym, że objawienia prywatne nie są uzupełnieniem publicznego Objawienia, gdyż to ostatnie zostało dopełnione przez nauczanie Chrystusa i apostołów. Przyjęcie objawienia prywatnego zależne jest od osobistej decyzji, a nie nakazów kościelnych.

Kongregacja Nauki Wiary, omawiając orędzie fatimskie, stwierdziła, że „Fatima to bez wątpienia najbardziej profetyczne z objawień nowożytnych". Kongregacja przypomniała, że objawienia i nadprzyrodzone znaki zdumiewają każdego, wierzącego i niewierzącego. Jednak cechą objawienia, które ma być uznane przez Kościół, jest jego zgodność z wiarą w nawracającą moc Bożej miłości. Te właśnie cechy posiadają objawienia fatimskie.

Kardynał Joseph Ratzinger w komentarzu teologicznym do tajemnicy stwierdził, że jest ona dowodem na siłę modlitwy zmieniającej los. Zaznacza, że trzecia część tajemnicy fatimskiej mówi o Kościele męczenników XX wieku. Kardynał przypomina, że objawienia prywatne od publicznych różnią się swoją istotą. Celem objawienia publicznego jest poznanie Boga przez człowieka, dlatego jest ono kierowane do ogółu ludzkości i ma literacką formę Pisma Świętego. Ten rodzaj objawienia nie jest przekazem czysto rozumowym, ale odzwierciedla on drogę Boga do człowieka, Jego dialog ze stworzeniem, a Jego Słowo jest gwarantem prawdy.

Objawienia prywatne natomiast to wizje i objawienia, które miały miejsce po ukształtowaniu Nowego Testamentu. Nie są one uzupełnieniem Dobrej Nowiny, ale pomocą w jej realizacji. Gdy jest inaczej, zachodzi pewność, że objawienie prywatne nie pochodzi od Ducha Świętego. Objawienia prywatne „mają nam pomagać w rozumieniu znaków czasu i w znajdowaniu właściwych odpowiedzi na nie w świetle wiary".

Kardynał Ratzinger dokonał podziału wizji na: zmysłowe, czyli uwarunkowane zewnętrznym postrzeganiem cielesnym; postrzeganie wewnętrzne i wizje duchowe. W przypadku Fatimy mamy do czynienia z postrzeganiem wewnętrznym, które jest prawdziwym postrzeganiem rzeczywistości, gdyż dla wizjonera doświadczana wizja jest „równoważna z zewnętrznym zjawiskiem postrzegalnym zmysłowo". Nie jest to jednak twór fantazji, to moment, gdy „dusza styka się z czymś rzeczywistym, chociaż ponadzmysłowym i zyskuje zdolność widzenia tego, co niewidzialne, niepostrzegalne dla zmysłów – po postrzeganie «zmysłami wewnętrznymi». Dusza styka się tu z prawdziwymi «przedmiotami», choć nie należą one do świata zmysłowego". Wizjoner znajduje się poza zewnętrznością i „styka się z głębszymi wymiarami rzeczywistości, które stają się dla niej postrzegalne". Ratzinger zaznacza, że to może być wyjaśnienie, dlaczego adresatami wizji są dzieci. Ich umysły nie są zniekształcone i zamknięte na „wewnętrzną zdolność postrzegania". Należy jednak pamiętać, że doświadczana i opisana wizja nie jest odbiorem na kształt fotografii, gdyż jest warunkowana przez możliwości i ograniczenia wizjonera.

Odnosząc się do kultu Niepokalanego Serca Maryi, przyszły papież Benedykt XVI przypomina, że w języku biblijnym serce oznacza „centrum ludzkiego istnienia, skupiającego w sobie rozum, wolę, temperament i wrażliwość, w którym człowiek znajduje swą jedność i swe wewnętrzne ukierunkowanie". Serce Maryi osiągnęło doskonałą jedność wewnętrzną, czyli Jego kult to zbliżanie się do realizacji *fiat* – „bądź wola Twoja".

Kardynał, interpretując wizje fatimskie, wskazał, że anioł z ognistym mieczem przypomina Anioła z Apokalipsy, wyrażając „groźbę sądu wiszącą nad światem". Ludzkość

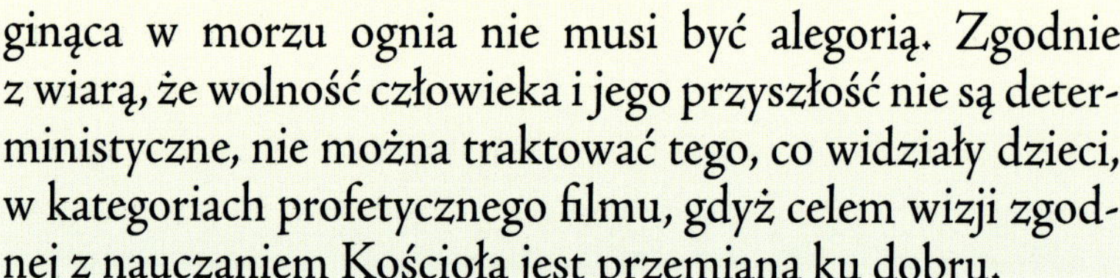

ginąca w morzu ognia nie musi być alegorią. Zgodnie z wiarą, że wolność człowieka i jego przyszłość nie są deterministyczne, nie można traktować tego, co widziały dzieci, w kategoriach profetycznego filmu, gdyż celem wizji zgodnej z nauczaniem Kościoła jest przemiana ku dobru.

Jak stwierdza Ratzinger: „Góra i miasto symbolizują miejsce, w którym toczy się historia ludzi; historia jako mozolne wspinanie się ku górze, historia jako środowisko ludzkiego tworzenia i współistnienia, ale zarazem jako miejsce zniszczenia, w którym człowiek sam unicestwi dzieło swoich rąk". Miasto jest symbolem wspólnoty i postępu, jest to także miejsce niebezpieczne. Na górze jest Krzyż, jako „cel i punkt orientacyjny w historii", mający moc przemienienia zniszczenia w zbawienie. „Krzyż jawi się jako znak nędzy historii i jako obietnica dla niej". Droga Kościoła w fatimskiej wizji opisana jest jako droga krzyżowa, „wędrówka przez czas przemocy i zniszczenia". Interpretacja ta znajduje uzasadnienie w historii XX wieku, który można określić jako wiek męczenników i prześladowań. Jednak w kontekście wiary nie ma daremnego cierpienia. „Kościół cierpiący, Kościół męczenników staje się drogowskazem dla człowieka poszukującego Boga".

Kardynał zaznacza, że „nie istnieje nieodwołalne przeznaczenie, że wiara i modlitwa to potężne siły, które mogą oddziaływać na historię, i że ostatecznie modlitwa okazuje się potężniejsza od pocisków, a wiara od dywizji". Trzecia część tajemnicy fatimskiej tłumaczona według klucza wskazanego przez kard. Ratzingera nie jest sensacją, a wezwaniem i zachętą do modlitwy, pokuty i nawrócenia.

Siostra Łucja powiedziała, że została jej dana wizja, a nie interpretacja, ta bowiem należy do Kościoła. Po przejrzeniu tekstu interpretacji kard. Ratzingera wizjonerka z Fatimy oświadczyła, że odpowiada ona temu, czego doświadczyła.

Fatimskie znaki czasu

Orędzie z Fatimy jest przede wszystkim wezwaniem do nawrócenia, pokuty i modlitwy, ale również do odczytywania znaków czasu. Kardynał Bertone wypowiedział następujące słowa: „Fatima nie jest bowiem mitem, lecz faktem i orędziem, które naznaczyły wiek XX i odbiły się echem w niezwykle bolesnym doświadczeniu Papieża, uzyskując imprimatur ze strony jedynego świadka objawień, który dożył 13 maja 1981 roku, czyli siostry Łucji".

W liście Jana Pawła II skierowanym do biskupa Leirii i Fatimy z 1 października 1997 roku można przeczytać: „Gdy u progu trzeciego tysiąclecia patrzymy na znaki czasu dane nam w XX wieku, Fatima jawi się na ich tle jako niewątpliwie jeden z największych. Fatima pozwala nam dostrzec działanie Boga, opatrznościowego Przewodnika, cierpliwego i wyrozumiałego Ojca, także w XX wieku. Pod macierzyńskim płaszczem Maryi, która z Fatimy osłania nim całą ziemię, ludzkość odczuwa tęsknotę za domem Ojca".

Do najważniejszych znaków wiążących się z objawieniami fatimskimi wielu komentatorów zalicza zamach i ocalenie życia Jana Pawła II z 13 maja 1981 roku, w rocznicę objawień fatimskich (po tym wydarzeniu Papież otwarcie mówił, że zawdzięcza życie Matce Bożej); majową katastrofę w sowieckiej bazie w Siewieromorsku na Morzu Północnym, w wyniku której uległ zniszczeniu potencjał militarny ZSRR skierowany na zachód Europy (wydarzenie to miało miejsce dwa miesiące po dokonaniu przez Jana Pawła II aktu zawierzenia Maryi); w 1985 roku rozpoczyna się w ZSRR *pierestrojka*; podjęcie decyzji o rozwiązaniu ZSRR 8 grudnia 1991 roku, czyli w uroczystość Niepokalanego Poczęcia. Inne znaki mogące mieć związek z Fatimą to: przyjęcie przez Piusa XII święceń biskupich 13 maja 1917 roku czy prywatne przeżycie cudu słońca w ogrodach watykańskich.

Od 13 maja 2009 roku trwa Wielka Nowenna Fatimska przygotowująca wiernych do uroczystej setnej rocznicy objawień fatimskich.

Bibliografia

Allegri Renzo, Allegri Roberto, *Reportaż z Fatimy*, Wydawnictwo WAM, Kraków 2003.

Benedykt XVI, *W rocznicę objawień w Fatimie i zamachu na życie Jana Pawła II: Rozważanie przed modlitwą Anioł Pański*, 14 maja 2006, www.opoka.org.pl

Błogosławiony Franciszek i Hiacynta Marto, www.opoka.org.pl

Bujak Adam, Pereira Nelson, *Fatima 2000 z Janem Pawłem II*, Biały Kruk, Kraków 2000.

Dekret Kongregacji Spraw Kanonizacyjnych. 13 luty 2008, www.opoka.org.pl

Kongregacja Spraw kanonizacyjnych, *Dekrety w sprawach kanonizacyjnych*, www.opoka.org.pl

Fonseca de Luigi Gonzaga, *Cuda Fatimy. Objawienia, kult, orędzie*, Wydawnictwo św. Pawła, Częstochowa 2007.

Jan Paweł II, *Orędzie głęboko wpisane w dzieje ludzkości: 17 maja*, Watykan, www.opoka.org.pl

Jan Paweł II, *Homilia z Mszy beatyfikacyjnej Franciszka i Hiacynty Marto*, www.opoka.org.pl

Jan Paweł II, *Homilia w czasie Mszy Świętej i konsekracji kościoła Matki Boskiej Fatimskiej w Zakopanem*, www.opoka.org.pl

Jan Paweł II, *List po śmierci siostry Łucji dos Santos: 14 luty 2005*, www.opoka.org.pl

Kałdoń Stanisław Maria OP, *Siostra Łucja. Fatimska moc nadziei*, Wydawnictwo M, Kraków 2007.

Kempny Roman ks., *Poznać to wziąć odpowiedzialność*, www.opoka.org.pl

Kongregacja Nauki Wiary, *Orędzie Fatimskie*, Pallottinum, Poznań 2000.

Łaszewski Wincenty, *7 dni Fatimy*, POLWEN Polskie Wydawnictwo Encyklopedyczne, Radom 2009.

Łaszewski Wincenty, *Droga, która prowadzi do Boga. Rozważania nad fatimską tajemnicą Niepokalanego Serca Maryi*,

Wydawnictwo Sióstr Loretanek i Sanktuarium Fatimskiego na Krzeptówkach, Warszawa-Zakopane 2005.

Mały modlitewnik fatimski, red. Mirosław Drozdek SAC, Wydawnictwo Sióstr Loretanek, Warszawa 1995.

Matka Boża Fatimska. Z Tobą idziemy w nadziei, red. Bobowska Bożena, Kuria Metropolitarna, Częstochowa 2010.

Messori Vittorio, *Opinie o Maryi. Fakty, poszlaki, tajemnice*, Fronda, Warszawa 2007.

Müller Maciej, *Tajemnice Fatimy*, www.opoka.org.pl

Orędzie fatimskie, www.opoka.org.pl

Bertone Tarcisio, *Ostatnia wizjonerka z Fatimy. Tarcisio Bertone i Giuseppe de Carli rozmawiająo siostrze Łucji*, Wydawnictwo Literackie, Kraków 2008.

Pek Kazimierz MIC, *Jana Pawła II wyjaśnienie Fatimy*, www.opoka.org.pl

Ratzinger Joseph kard., *Trzecia Tajemnica Fatimska. Komentarz teologiczny*, www.opoka.org.pl

Reisswitz Crista Kramer von, *Ostatnia tajemnica fatimska. Jan Paweł II przerywa milczenie*, Semen Wydawnictwo, Wrocław 2000.

Rozmowa z siostrą Marią Łucją od Jezusa i od Niepokalanego Serca, www.opoka.org.pl

Ryszka Czesław, *Doświadczenie znaków czasu*, www.opoka.org.pl

Scharf Georg o., OMI, *Fatima wciąż aktualna. Orędzie i jego zwiastuni*, Pallottinum, Poznań 1994.

Siostra Maria Łucja od Niepokalanego Serca Jezusa, Przesłanie z Fatimy. Jak postrzegam Przesłanie przez pryzmat czasów i wydarzeń, Wydawnictwo Zakon Karmelitanek w Coimbrze, Sekretariat Pastuszków, Fatima 2006.

Siostra Łucja mówi o Fatimie: (pisma siostry Łucji), zebrał ks. Ludwik Kondor SWD, Postulação, Fatima 1978.

Socci Antonio, *Tajemnice Jana Pawła II*, Dom Wydawniczy Rafael, Kraków 2008.

Sowa Kazimierz ks., *Papież, słońce i tajemnica fatimska*, www.opoka.org.pl

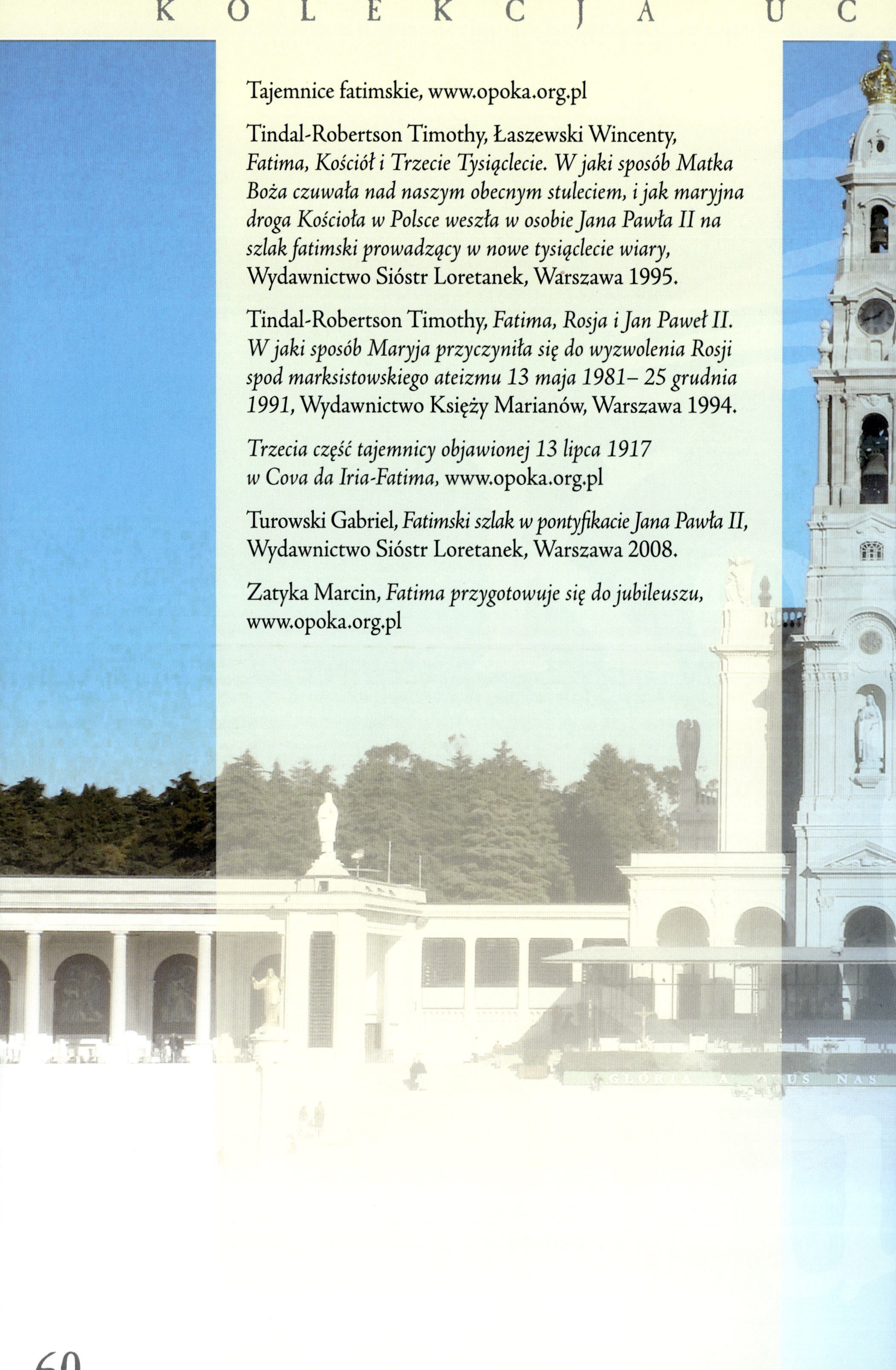

Tajemnice fatimskie, www.opoka.org.pl

Tindal-Robertson Timothy, Łaszewski Wincenty, *Fatima, Kościół i Trzecie Tysiąclecie. W jaki sposób Matka Boża czuwała nad naszym obecnym stuleciem, i jak maryjna droga Kościoła w Polsce weszła w osobie Jana Pawła II na szlak fatimski prowadzący w nowe tysiąclecie wiary,* Wydawnictwo Sióstr Loretanek, Warszawa 1995.

Tindal-Robertson Timothy, *Fatima, Rosja i Jan Paweł II. W jaki sposób Maryja przyczyniła się do wyzwolenia Rosji spod marksistowskiego ateizmu 13 maja 1981– 25 grudnia 1991,* Wydawnictwo Księży Marianów, Warszawa 1994.

Trzecia część tajemnicy objawionej 13 lipca 1917 w Cova da Iria-Fatima, www.opoka.org.pl

Turowski Gabriel, *Fatimski szlak w pontyfikacie Jana Pawła II,* Wydawnictwo Sióstr Loretanek, Warszawa 2008.

Zatyka Marcin, *Fatima przygotowuje się do jubileuszu,* www.opoka.org.pl

W kolekcji ukazały się:

Ojciec Pio

Ojciec Pio jest jednym z najbardziej znanych świętych Kościoła, a jego bogate w niezwykłe i dramatyczne wydarzenia życie nie przestaje zaskakiwać. Publikacja, którą oddajemy w Państwa ręce, przedstawia w przystępny sposób historię stygmatyka z Pietrelciny: życie, cuda, które przypisuje się jego wstawiennictwu, niezwykłe świadectwo tego, jak wiele Bóg potrafił zdziałać, posługując się skromnym zakonnikiem.

Święta Rita

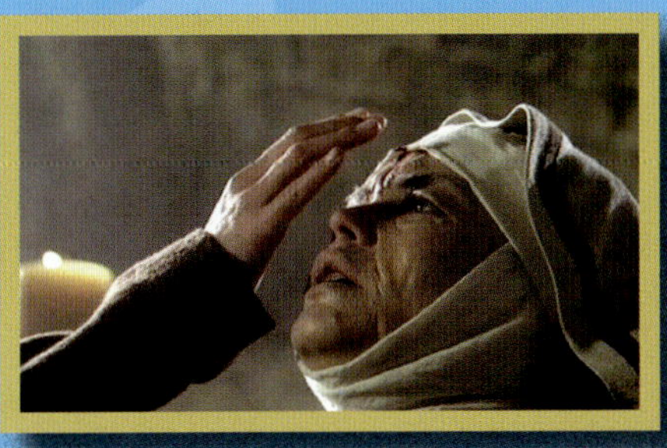

Rita z Cascii to dziś jedna z ulubionych świętych. Solidnie na tę pozycję zapracowała swoją... skutecznością. Tysiące ludzi – o czym głoszą pozostawione świadectwa – doświadczyło i doświadcza jej wstawiennictwa nawet w najtrudniejszych sprawach. Jest patronką od spraw beznadziejnych, przy czym w kontekście św. Rity należałoby napisać: „wydawałoby się beznadziejnych"...

Przed sklepem jubilera

Specjalna edycja kolekcji poświęcona tym razem niezwykłemu utworowi Karola Wojtyły pt. „Przed sklepem jubilera". To utwór dobitnie podkreślający niezwykłą wagę sakramentu małżeństwa w życiu każdego chrześcijanina. Został on oparty na historii dwóch rodzin reprezentowanych przez dwa pokolenia. Miejscem ich spotkań jest ciągle ten sam tytułowy sklep prowadzony przez tego samego Jubilera. Młodzi pytają o przyszłość, która przed nimi, a starsi patrzą w przeszłość i zastanawiają się, co w nich zostało z pierwszego zakochania, a co zagubili gdzieś po drodze.

Wkrótce w kolekcji:

Matka Boża z Guadalupe

W roku 1531 Indianinowi Juanowi Diego ukazała się Matka Boża, która prosiła go o wybudowanie świątyni ku Jej czci.

Jose Maria i Mercedes, młodzi hiszpańscy archeologowie, postanawiają dowieść, że cuda w Guadalupe można wyjaśnić w naukowy sposób. Na miejscu odkrywają jednak, że nie jest to możliwe. Przechodzą duchową przemianę i odnajdują swoje miejsce w świecie.

Józef z Nazaretu

Piękna epicka opowieść o Józefie, któremu Bóg powierzył szczególną misję do spełnienia. Stał się on opiekunem Maryi, Matki Bożej, i Jezusa Chrystusa. Całe swoje piękne, choć skromne i ciche życie, poświęcił budowaniu Świętej Rodziny, stając się niedoścignionym wzorem dla każdego mężczyzny.

Maria Goretti

Historia 12-letniej pochodzącej z ubogiej rodziny Włoszki. Maria w swoim krótkim życiu wyróżniała się niespotykaną pracowitością i pobożnością. Umarła, broniąc się przed gwałtem przez 19-letniego sąsiada na skutek ran zadanych nożem. Jest jedną z najmłodszych świętych Kościoła katolickiego.

Lourdes

Kiedy Najświętsza Maryja Panna ukazała się ubogiej i chorowitej Bernadetcie w jaskini w pobliżu Lourdes, nikt nie traktował tego poważnie. Władze lokalne starały się zatuszować całe zajście. Na próżno jednak... Moc Dziewicy Maryi jest zbyt potężna, a przekazane przez nią posłannictwo zbyt ważne. Wkrótce u źródła wskazanego dziewczynce przez Maryję dzieją się cuda. Tak jest do dziś.

Korekta:
Małgorzata Faron
Marlena Pawlikowska

Projekt serii i skład:
Łukasz Kosek

Zdjęcia na okładce albumu i poligrafii filmu:
kadry z filmu „Fatima"
www.sxc.hu/Alfred Borchard

Zdjęcia:
Wikimedia Comons – „Trójka dzieci z Fatimy", s. 40
www.sxc.hu/Alfonso Romero – „Sanktuarium w Fatimie", s. 40
Sipa/EASTNEWS, s. 41
fot. Anna Beata Bohdziewicz/REPORTER, s. 47
AFP/EASTNEWS, s. 53
kadry z filmu „Fatima" (fot. w żółtych ramkach)
tła www.sxc.hu wg kolejności występowania:
Alfred Borchard, Arianne van Noordt, Mikkolo, Vera Reis

ISBN 978-83-7569-237-2

ul. Dąbrowskiego 16
30-532 Kraków
tel./fax 12 411 14 52
e-mail: rafael@rafael.pl
www.rafael.pl

Kolekcja Uczta Duchowa